日暮いんこ
Inko Higurashi

北欧時間

世界一幸せな国の人たちが教えてくれたこと

TIDEN I SKANDINAVIEN

De ting, verdens lykkeligste befolkning har lært mig.

大和出版

はじめに――5つのコツで、毎日を「豊かな気持ち」で過ごしてみませんか？

あなたは「北欧」と聞いて、どのようなことをイメージしますか？

絵本に出てくるような湖？

おしゃれで洗練されたインテリア？

雪景色やオーロラ？

それともサウナ大国？


最近では、「世界幸福度ランキング」の上位にランクインし続けていることから、**「北欧＝幸せな国々」**というイメージがあるかもしれません。

では、なぜ、北欧が「幸福度の高い国々」なのでしょうか？


はじめまして。日暮《ひぐらし》いんこと申します。

現在、デンマークで暮らしながら、フリーランスのライター、イラストレーターとして活動しています。

生まれも育ちも日本で、性格も「ザ・日本人」と言えるようなタイプ。内向的で、引っ込み思案。陰でものをコソコソ作るのが好き。

そんな私ですが、あることがきっかけで突然、縁もゆかりもないデンマークに移住。そこで、イメージでしか知らなかった北欧の暮らしや、北欧の人々の考え方の奥深さに気づき、人生が丸ごと変わりました。

6年前、東京で会社員をしていた頃、私はやりがいの感じられない仕事に忙殺されていました。

休みがあっても、やりたいことすら思いつかず、大抵ダラダラと寝ていたら1日が終わっている始末。

考えすぎて落ち込みやすい性格も災いし、幸せとは程遠い、どこか虚しい日々に行き詰まりを感じていました。

そんなとき、『THE LITTLE BOOK OF HYGGE』（Meik Wiking 著／penguin UK 刊）という1冊の本に出会ったのです。

そこには、北欧、そしてデンマークの人々が「ほっこりとした安らぎ」を大切に、心地よい生き方・暮らし方を追及していることが語られていました。

「私が心の奥底でずっと探し求めていたものは、これだ！」と衝撃を受け、いてもたってもいられなくなりました。

「この虚無生活から抜け出すには、何かを劇的に変えなければいけない！」という強烈な切迫感が、そのときの私にあったからかもしれません。

そこからは、ふだんのヘタレな自分ではありえないほどのスピードで、北欧行きの準備が進みました。かなり無計画に会社を辞め、学生ビザを申請。

SNSで居候先を見つけ、ひとまず留学という形で、渡欧が決まりました。

航空券とパスポートをギッチリと握りしめて、コペンハーゲンの空港に降り立ち、シナモンロールとコーヒーの「北欧っぽい香り」に胸が高鳴ったのを、昨日のことのように覚えています。

それから6年、すっかりこの地に居着いてしまいました。

憧れていたライターやイラストレーターとしての仕事を未経験からはじめ、今ではやりがいのあるプロジェクトにたくさん恵まれるように。

無理せず自分のペースで仕事をする働き方も、だんだんと実現できるようになりました。

趣味の時間もたっぷり取り、1日の終わりには「今日もたくさん好きなことができたなあ」と心地よい充足感があります。

漠然とした将来への不安に押しつぶされ、キリキリしていた過去の自分が見たら、きっと信じられないと思うに違いありません。


そんな変化が起きた一番の理由は、**「自分を心から満たしてくれる、本当に豊かな時間の使い方」**を北欧の人々が教えてくれたことにあります。


というのも、移住して間もない頃、彼らが驚くほどメリハリをつけて生活をしていることに気がついたのです。

北欧の人々は、**「今は何のための時間なのか」がいつも明確で、その目的に集中しています。**

そして、さらに観察していくうちに、彼らが意識的に過ごしている時間が、「セルフケアの時間」「自分軸の時間」「シングルタスクの時間」「クリエイティブの時間」「ヒュッゲの時間」の5つに分類できることがわかりました。

どうやら、これらの時間を、かたよりなく過ごすことが彼らの心豊かな暮らしのカギである様子。

この「5つの時間」とは、例えば、次のようなものです。

1 **セルフケアの時間**▼自分の「ごきげん取りタイム」を意識する、「大好き！」の達人になる、ショッピングセンターに行くより森に行く

2 **自分軸の時間**▼空気を読んだ「正解」を手放す、「ちゃんとした人」を諦める、すっぴんでも堂々とする、流行のファッションより自分のこだわりを重視

3 **シングルタスクの時間**▼相手の話を100％聞く、マルチタスクよりシングルタスク主義になる、TODOリストは1日3つだけにする

4 **クリエイティブの時間**▼DIYが基本、こだわるべきは照明、セカンドハンドショップで宝物探しをする、ホットチョコレートで自分を甘やかす

5 **ヒュッゲの時間**▼忙しいときほど「ほっこり」タイムをもうける、ろうそくで空間を演出する、夕陽の落ちる瞬間を意識する

私は、この「5つの時間」を真似し、試行錯誤しながら実践してみました。

すると先述したように、仕事もプライベートもうまく転がっていき、本当の意味での「有意義」な時間の使い方を知ることができたのです。

冒頭でお話ししたように、「北欧」と聞いて、なんとなく「素敵な街並み」「インテリア」「サウナ大国」をイメージできても、北欧の人たちが、なぜ幸福度が高いといわれるのか、そしてどのように考え、どのように暮らしているかはあまり知られていませんよね。

この本では、実際に北欧に住む私が、写真とともにその秘密に迫っていきます。

同じ24時間365日、あなたも「いい1日だったな」と思える毎日にしませんか?

さあ、ページをめくって、北欧のゆったりとした時間の流れを感じてみてください。

あなたがあなたらしくいられる、自由で楽しい時間の使い方が見つかりますように。

日暮 いんこ

Ut på tur, aldri sur.
散歩に出れば不機嫌にならないよ
（ノルウェーのことわざ）

北欧時間　目次

プロローグ

世界一幸せな北欧の24時間と365日

24 timer og 365 dage i Skandinavien - de lykkeligste lande i verden.

第1章

心と体のバランスを良好に保つ

——セルフケアの時間

Opretholde en god balance mellem krop og sind.

第2章

自分にとって本当に大切なことを明確にする

──自分軸の時間

Afklar, hvad der egentlig er vigtigt for dig.

第3章

1つの物事に100％集中する

——シングルタスクの時間

Fokuser på én ting ad gangen.

第4章

遊び心と冒険心を忘れない

――クリエイティブの時間

Husk kreativitet og eventyrlyst.

第5章

小さな幸せに感謝し、祝福する

――ヒュッゲの時間

Sæt pris på de små ting i livet.

本文レイアウト／今住真由美
本文ＤＴＰ／白石知美・安田浩也
本文写真／小島沙緒理

プロローグ

世界一幸せな
北欧の24時間と365日

24 timer og 365 dage i Skandinavien - de lykkeligste lande i verden.

そもそも、北欧って、どこのこと？

「北欧って、いったいどこの国のこと？」

日本でいう「北欧」のイメージは主に、**デンマーク・スウェーデン・ノルウェー・フィンランド・アイスランドの5カ国**のことを指すことが多いようです。

近年の世界幸福度レポートを見てみると、先述の5カ国が毎年10位以内に堂々とランクインしています。

日本はというと、毎年50位〜60位台あたり。

「先進7カ国（G7）で最下位」という見出しを見かけることもあります。

実際、日本は、経済水準が高いのに幸福度が低い国として、世界の幸福度研究で注目される存在になっているのだとか。

なぜ、このような違いがあるのでしょうか？

北欧の人々の生活に密着した結果、**どうやら時間の使い方にそのヒントが隠れているようです**。

さっそく、そんな北欧の人々の1日24時間の使い方を見てみましょう。

まずは「8・8・8ルール」を知ろう

「8・8・8ルール」って、いったいなんのことだと思いますか？

答えは、**1日の24時間を3つにわけ、8時間「労働」、8時間「睡眠」、そして8時間「自分の時間」とした「8・8・8」**なのです。

仕事と生活のバランスをうまく保つヒケツについて北欧の人々に聞くと、この『8・8・8』ルールに尽きる！」という回答がたくさんありました。

実は、この考え方自体は北欧特有のものではありません。イギリス発祥の労働運動のスローガンで、日本にもしっかりと波及した歴史があります。

確かに、日本でも8時間労働ですよね。ですが、実際はどうでしょう。

日本で働いていた頃、私の場合は12時間労働、2時間通勤、4時間付き合いでの飲み会、6時間睡眠……なんていう配分の日もザラにありました……。

ついつい頑張りすぎてしまっているときや、疲れが溜まっているとき。

そんなときはこのシンプルで覚えやすい「8・8・8」のルールを思い返してみてください。

BURGERS & BAR
HUNGRY

MAJ INVEST
POLSEMANDENS
Langelænder
HENRIKS PØLSER
Langelænder

夕方4時には帰宅する⁉

北欧の人々は、夕方4時には仕事から帰ってくるのが当たり前。

早いときは3時。それってもはや昼すぎですよね。

スウェーデンでは6時間労働の実験も盛んにおこなわれていました。

過去、当然のように社畜だった私が、羨ましさのあまり、

「そんなに短い時間で、仕事が進むはずがない！」

なんて嘆いていると、彼らいわく**「その時間内は頑張っているから、ちゃんと進む」**とのこと。

確かに、OECDの労働生産性のデータを見ても、北欧諸国は常に上位にランクイン。**短時間で集中し、価値を生み出している様子**。

そしてやはり一緒に働いていると、その集中力と生産性の高さの秘密がよくわかるようになりました。

彼らはどのようにして、密度の濃い時間を作り出しているのか。

この本では、そのためのヒントをたくさん紹介していきます。

北欧の夏休みの過ごし方

「学生の頃のように、1ヶ月の夏休みなんて、もう二度とないのか……」と絶望していた、日本でのOL時代。

数少ない連休で遠出すれば、「せっかく旅行に来たのだから、より多くの観光地を巡らないと！」と意気込み、グーグルマップにつけたチェックポイントを目がけて、1日中駆けずり回りました。

「罰ゲームか何かですか？」というくらい重た～いリュックには、仕事が気になってつい持ってきてしまったPCが……。

これを肌身離さず持ち歩いたせいで全身筋肉痛に。

休暇前よりもげっそりして帰ってくることも珍しくありませんでした。

ですが、北欧には大人にもちゃんとあったのです。


学生時代のような自由な夏休みが！

北欧では、7月、8月あたりにバケーションとして1ヶ月ほどの長期休暇を取るのが一般的（その代わり、日本のようにたくさんの祝日がないため、トータルでは勤務日数は同じくらいなのだそう）。

北欧の人々は、暖を求めてスペインやイタリアなどの南欧へ行くことが多い様子。ビーチリゾートでは、ひたすらダラ〜ンとしている北欧人をたくさん見かけます。仕事のことをすべて忘れて**「何もしないぜいたく」**を味わうのだとか。

「それって、退屈じゃないの？」なんて斜に構えていた私でしたが、友人に連れられるがままにこれを体験して、考え方が変わりました。

意識して「何もしない」ことや、仕事について考えない時間を過ごしたことで身も心も圧倒的にリフレッシュ！

こんなにも清々しい気持ちは何年ぶりだろう、これが本当の「休暇」なのか……と感動。

身も心もキリキリさせていた私の昔の休暇も、それはそれで独特の楽しさは確かにありました。しかしながら、今の自分に必要だったのはこういう時間の使い方だったのかと新たに知ることができました。

日本人と似ているところ、異なるところ

ここまで読んで、北欧の暮らしが、日本の慌ただしいそれとはかけ離れているように感じられて、「私たち日本人とはまったく共通点のないような、とにかくスーパーハッピーな人たちなのかな」と思いませんか？

しかしながら、**意外にも彼らの性格や気質は日本人と似ています。**ほかの欧米諸国の人々と比べても、かなり近いように感じます。

例えば……、

- **とてもシャイで感情表現が控えめ**
- **お酒を飲むと急に打ち解けられる**
- **勤勉で真面目。活字、読書好きな人が多い**
- **家では靴を脱ぐ**
- **信号はきちんと守る**
- **サウナ、温泉で裸の付き合いがある**

などなど。パーソナルスペースの取り方も似ていて、日本人と会話をしているので

はと錯覚することもあるほどです。

ですが、生き方やそれに対する考え方については真逆といっていいほど。その大きな理由の1つは、日本の社会では「世間」が重視されるのに対して、北欧諸国の社会では圧倒的に1人ひとりの「個人」が中心だからかもしれません。

というのは、例えばこんな感じです。

日本にいると、受験戦争、夜中までの残業や、ワンオペ育児など「それって無理でしょ」と思うようなことを、なぜか皆が「当たり前」のようにやっているように見えます。

そして、皆と同じようにできれば「ちゃんとやれている」とはじめて安心でき、できなければ「なまけ者、根性がない」と自分を責めてしまうのです。

皆がプレッシャーを感じ、皆が無理して頑張ってしまう側面があるように思えてなりません。

北欧にいると**「誰もが無理をせずとも、のびのびと生きていけるような環境」**がもうそこにあることに気がつきます。

それは、充実した生活保障や、残業のない働き方、自由に使える自分の時間の多さ、立場に関係なく、人と人が実直に対話できる空気感といったことです。

とはいえ、北欧諸国も最初から現在の姿であったわけではありません。

1人ひとりの「個人」が尊重され、自由に生きられる社会であるべきという、現在にも受け継がれる彼らの「考え方」が社会を形成してきました。


もちろん、現在の北欧社会も完璧なものではありません。

しかしながら、**もともとの気質が似ている我々日本人が「幸せ上手」な北欧の人々から多くのことを学べる**ということに変わりはないはずです。

これは、自分の人生が北欧への移住でガラリと好転した、私自身の経験から確信しています。


「類似点と相違点の観察と探索が、すべての知識の基礎であるといっても過言ではない。」

——アルフレッド・ノーベル（化学者）

北欧の人々はタイパの達人！

近年、「コストパフォーマンス（費用対効果）」をもじった「タイムパフォーマンス（時間対効果）」、通称「タイパ」という言葉をよく耳にするようになりました。

効率的な時間の使い方を重視し、それにより、たくさんのことを同時並行に進めようとする人が増えている様子。

倍速で話題のアニメを見ながら、ＳＮＳをチェックしながら、明日の仕事のことを考えながら夕飯を食べる、などなど。

過去に私も「タイパ」を上げなくてはと焦るあまり、不器用なくせに大量のことを同時にやろうとして、よくパニックになっていました。

その結果、集中力が分散し、どれもこれもおろそかに。

時間だけが刻々と過ぎていき、虚しさと焦りが積もるばかり。

振り返ってみると、その原因は「優先順位をつけるのが下手だったから」でした。

もっといえば**「自分にとって、何が大切で、何がさほど大切ではないのか」**がわか

らず、「大切ではないことを『やらない』勇気」がありませんでした。

「これをやったほうがいいらしい」と流されているうちに、やるべきことリストが膨大になって、収拾がつかなくなっていたのです。

それに気がついたのは、北欧に移住してからのこと。

幸福度も生産性も、世界最高クラスの北欧の人々は、常に時間に追われ、せかせかと「タイパ」を上げなければと必死になっていた私とまるっきり違ったのです。

想像していたよりもずっと、ゆったり、のんびりとしている彼らの様子と、とてもリラックスした空気が漂う光景に驚き、そして納得しました。

私が「たくさんの『自分にとって大切ではないこと』を、やたらめったらたくさんこなす」に終始していたのに対し、北欧の人々は**自分にとって大切なことを明確にし、その1つひとつ、タスクが仕事でも遊びでもそれにきちんと集中していました。**

そうすることで時間の密度をぐっと濃くして、本当の意味での「タイパ」を向上させていたのです。

まさに「本当に充実していて豊かな生き方」を実現しているといえるでしょう。

この本では、そんな「タイパの達人」である北欧の人々が大切にしている時間の使

い方を「本当に豊かに生きるための5つの時間の使い方」と題して、

1　心と体のバランスを良好に保つ――セルフケアの時間
2　自分にとって本当に大切なことを明確にする――自分軸の時間
3　1つの物事に100%集中する――シングルタスクの時間
4　遊びと冒険心を忘れない――クリエイティブの時間
5　小さな幸せに感謝し、祝福する――ヒュッゲの時間

それらに関連する彼らの考え方や、過ごし方の例をたくさんお伝えしていきます。

あなたにとって「本当に大切な時間」とはどのような時間ですか？

家族と過ごす時間、「推し活」の時間、おいしいものを食べる時間、もしくは睡眠時間かもしれません。この機会に少しだけ立ち止まって考えてみませんか？
きっと、北欧の人々がたくさんの知恵やヒントをくれるはずです。

第 1 章

心と体のバランスを良好に保つ

――セルフケアの時間

Opretehold en god balance mellem krop og sind.

世界で一番大事なのは誰？

「世の中で一番大事な関係性って、誰との関係性だと思う？」

デンマークのビジネススクールに通っていたある日、先生が皆に問いかけました。

家族？　パートナー？　それとも友人でしょうか？

先生はこう続けます。

「それは、いつも自分の一番近くにいて、生涯ずっとともに時間を過ごす人。つまり、自分自身だよ」

私は思わずハッとしました。

当時、私の自分自身との関係性は最悪だったからです。

「私は私が大嫌い」

「私は恥ずかしい人間だ」

そんな言葉ばかり自分に投げつけ、

「不器用で人に迷惑をかけてしまうダメな私は、自分を甘やかしてはいけない」

と、とにかく厳しく自分に接していました。

そうやって鞭打つことで成長できると勘違いしていたからです。

しかしながら、それで自分のやる気が生まれるどころか、単純にただただ傷つき、自信もなくなり、しまいにはうつっぽくなって何もできなくなる始末でした。

その悪い癖が漏れ出して、軽い気持ちで、何気なく「私って、本当にダメな人間でさ……」とその学校のグループ内で発言してしまったことがあります。

おそらく、日本であれば「謙虚な前置き」くらいのものだったはずです。

しかし、そのとき、グループの皆がびっくりした顔をして、悲鳴のように、

「そんなこと、絶対にないよ！」

「どうしてそんなこと言うの？　君はすばらしいのに！」

「何か大変なことがあったの？　いつでも話を聞くよ！」

といっせいにとても心配してくれたのです。

やさしすぎて不意に泣きそうになったのと同時に、

「そうか、こちらでは自分のことを全否定したり、卑下したりするのは、すごく異様なことに映るのか」

と驚きました。

そんな経験から「よし、私も自己肯定できるようになろう」と安易に試みるも、

「無理！　絶対無理！　私には大した長所も根性もない。どこにも褒められる理由も根拠もない！」

と、猛烈な抵抗感がありました。

先生に相談すると、こんなアドバイスをもらえました。

「根拠がない!?　自分のことを大切にするのに、そんなものいらないよ。あなたが自分をダメだと決めつけているのにも、決定的な根拠なんて1つもないでしょ？」

あなたにはあなたのままで、とても価値があるの。何かが得意だからあなたに価値があって、何かが不得意だからあなたには価値がないとか、変な話だよ！　あなたも、周りのクラスメートのこと、そういうふうに考えたことはないでしょ？」

「だから、あなたもあなた自身を大切にして。**大切な友人に話しかけるように、自分に話しかけている言葉に意識を向けてみて」**

とのこと。ふだんであれば「そんなの恥ずかしいし、私向きじゃないかも」なんて言い訳して、そのまま忘れて過ごしていたかもしれません。

しかしながら、今回ばかりは「また無意識な自己否定発言をして人に心配や迷惑をかけたくない」という日本人魂的なモチベーションが湧いてきて、試しに取り組んでみました。

「言葉」に気をつける

自分との関係性の大切さについて頭で理解したつもりでも、やはり長年の癖がすぐ治るわけではありません。これを改善していくのは、根気のいるプロセスでした。

目指すは、北欧の友人たちのような、自然で嫌味のない、健康的な自己肯定感。

やることはとにかく、**頭の中の「言葉」を意識する**こと。

私は、先述したデンマークのビジネススクールの先生に教わった通り、**「ノートに自分の考えたことをそのまま書き出す」ということからはじめました**。

はじめはやはり「自分は何をやってもダメだ」「失敗ばかり、恥ずかしい。次も、どうせ無理……」だとか、目を背けたくなるようなネガティブな言葉ばかり。

しかしながら次第に、そして少しずつでしたが、自分が「健気な憎めないやつ」くらいに思えてきて、だんだんと自分を応援してもいいかなと思えるようになってきたのです。「何をやってもダメだと言いつつ、諦めきれず何度もトライして散る自分、人知れず頑張ってて泣ける。偉いぞ!!」といった具合に、ノートには自分を励ます言葉や、前向きな言葉も登場するようになりました。

それにつれ、頭の中の言葉も以前よりずっとやさしくなりました。

そんなプロセスを経て、気づけば理由もなく落ち込んでいる時間がどんどん減っていき、表情も明るくなっていきました。


あなたは毎日、自分で自分にかけている言葉にどれくらい気をつけていますか？

アメリカ国立科学財団の研究によると、**人間の脳では1日に1.2万～6万回のことが思考されている**そうです。

さらに、その95％は前日と同じ内容のもの。

そして、その80％はネガティブな内容のものであるのだとか。


昨日と同じネガティブな思考が、１日に４万回も自分の頭の中をぐるぐる回っていると考えると、恐ろしいですよね。

「あなたはダメな人、価値がない」

「才能もないのに努力が足りない」

「あなたがつらいなんてどうでもいい」

そんなことを1日に4万回も言ってくるような人、絶対に近くにいてほしくありません。

なのに、この世で一番自分のそばにいる自分が、そんな存在になっていませんか？

「今日はよく頑張ったね」

「すごいね、疲れたら休んでもいいんだよ」

「今していることはあなたに合っているかな？」

「次はこんなことにチャレンジしてみない？」

「あなたならできる！」

そんな言葉を自分に毎日何万回もかけ続けてくれる自分とともに、大切な時間を過ごしていきましょう。

ネガティブな自分はダメな自分？

メンタルを秒速でズタボロにしてしまう人の特徴として**「落ち込んでいる自分自身を否定してしまう」**というものがあるように感じます。

つらい気持ちで、すでにいっぱいいっぱいになっているのに、自分にさらに鞭を打ち、「私はダメなのだからもっと頑張らなくては」と落ち込むことを自分に許さず、無理やり前向きに考えようとしてしまいます。「そうしないと、周囲の人に受け入れてもらえない」と思ってしまうからかもしれません。

ですが、例えばあなたのとても大切な人が落ち込んでいるとき「ネガティブで迷惑だな」なんて考えもしませんよね。

きっとあなたなら**「大丈夫だよ。いつでも助けになるよ。あまり無理しないでね」**と心からやさしい言葉をかけて、進んで支えようとするはず。

間違っても「それはあなたがダメだからでしょ。もっと頑張りなさい！」なんて言いませんよね。

なのに、なぜか自分には厳しい言葉ばかりかけてしまうのです。

逆に、とてもいいことがあって嬉しいとき、あなたは周りの人にそれをシェアできますか？

私はとても苦手でした。正直、今でも得意ではありません。

「調子に乗っていると思われるかも」などとあれこれ考えてしまいます。

日本において謙虚な姿勢というのは、手放しに褒められる、ある意味「正解」の1つですよね。

謙虚さを忘れないことは、大切なことには変わりありませんし、これからもそうでありたいと思います。

しかしながら、謙虚でいることを美徳とするあまり、私はいつからか**自分を褒めること、いい気分であることすら許せなくなっていました**。

「こんなことで喜んでいてはダメ」「ほかの人と比べたら全然ダメ」「調子に乗るな、もっと頑張らなくては」という思考しかなかったのです。

つらいことがあっても落ち込めない。いいことがあっても喜べない。何があっても結局行き着くのは「自分はダメだ。もっと頑張らなければ」という自己否定。

すぐに心が壊れて、頑張れなくなって……という悪循環に陥ってしまいます。

Husgyden

安心できる居場所をつくる

私の通ったデンマークのビジネススクールでは、プロジェクトに関することでも、プライベートのことでも、皆とても正直に自分の気持ちを共有していました。そのための時間が毎日数十分ほどもうけられていて、悲しいことであれば、皆でどうやったらサポートできるかを話し合いました。

嬉しいことであれば、皆でどうやってお祝いしようか考えたものです。

ビジネススクールとはもっと淡白なところだと思っていたので、衝撃でした。もともとの性格がかなり内向的、人見知りでビビリな私にとって意見を伝えることすら大変なのに、自分の気持ちをシェアするなんて……エベレスト級の難易度です。

なので、私はズルをしていました。

悲しい日も、嬉しい日も、仲間に共有することなく「まあまあ、いつも通り元気だよ」という具合に。注目されるのも、皆の前で話をすることも、どれも私にはとても勇気がいることで、怖かったからです。

空気を乱さずにいることのほうがずっとラクで、これでいいのだと考えていました。

しかし、バレバレだったのでしょう。ある日、先生に呼び出されます。

「あなたが自分の本音を隠すのはどうして？」と聞かれてしまいました。

見透かされていた恥ずかしさや情けなさ、そして緊張の糸が切れてしまったのか、私は涙が止まらなくなりました。

「私の気持ちをシェアすることに、大して価値があると思えなかったから」

初めて伝えた本音だったかもしれません。

すると、先生はやさしくこう語りかけてくれました。

「まず、あなたがこの学校にいて、一緒に学べることを皆、嬉しく思っているよ。だから皆、あなたに自分のことを知ってもらいたいと思っている。そしてそれと同時に、あなたのことを知りたい、あなたから心を開いて、教えてほしいと思っているんだ」

「そうやって心の通じ合うチームになれれば、**皆で一緒にいられるこの貴重な時間を最高なものにできる**と思わない？」

そう言われると、もう言い訳できなくなりました。

それからは勇気を振り絞り、怖くても不安でも、なるべく正直な自分の感覚や意見を伝えるようにしました。

その結果、学校での仲間との時間が、より幸せで、学びが多く、より濃い時間となったことはいうまでもありません。

心が繋がった人間関係のもたらす巨大な安心感、あたたかさに圧倒されました。

このようなコミュニティはとても珍しいものでしょう。

例えば日本の会社で、皆が自分の感情をシェアするなんて、想像もつきません。ですが、まずは自分で自分の気持ちを否定せずに受け入れること。

それから周囲の数人とだけでもこのような関係性がつくれたとしたら、とても素敵なことです。

人生を豊かにするための大きな一歩となります。

「感情」が悪者扱いされがちな現代社会で、この学校のような「自分の気持ちを出しても安心」な居場所、つまり**「自分が自分でいていいのだ」と心から安心できる時間をつくるために何ができるか、考えてみませんか？**

自分を知り、尊重するということ

北欧の人々は、やるべきことをこなしつつ、自分がどうしたいかを尊重するのがとても上手。

さらにいえば、**「自分のごきげん取り」**に時間を割くことの重要性を知っていて、優先度も高いのです。

例えば、チームで大きなプロジェクトに取り組んでいたときにこんなことがありました。

締め切り前の、ラスト数日。

皆、とても忙しくしていたある日のこと。

「最近、働きすぎて完全に疲れた。調子も出ない。今日は早く帰ってもいい？　リフレッシュして、明日はたくさん貢献するから」

という、なんとも正直な理由とフワッとした提案を述べて、プロジェクトの一員、しかもリーダーが早退したいと言い出したのです。

皆、当然戸惑い、焦りました。

「疲れているのは皆一緒。そんなことを言っていては、期限に間に合わなくなる」

という声もあがりました。が、彼は譲りません。

「今の自分に一番必要なのは、ここで頑張ることではない。ジムにこれから直行して、ダンベルを無心で持ち上げ、汗を流し、すっきりとした気分になることなのだ。どうか、理解してくれ」

結局、皆を納得させ、ジムへ突進していきました。

そして次の日、明らかにピカピカとした表情で、ベストコンディションになった彼。宣言通り、バリバリ貢献してくれたのです。

ピリピリした空気のまま昨日無理に続けるよりも、ずっと生産性が高くなり、よりよいチームワークと、よりよい成果がもたらされたのはいうまでもありません。


「自分のことがわかっているって、そしてそれを正直に自信を持って言えるって、すごい！」と感心しました。

あなたにとって、彼の「ジムでダンベルを持ち上げる時間」に当たるものとは、どのような時間でしょうか？

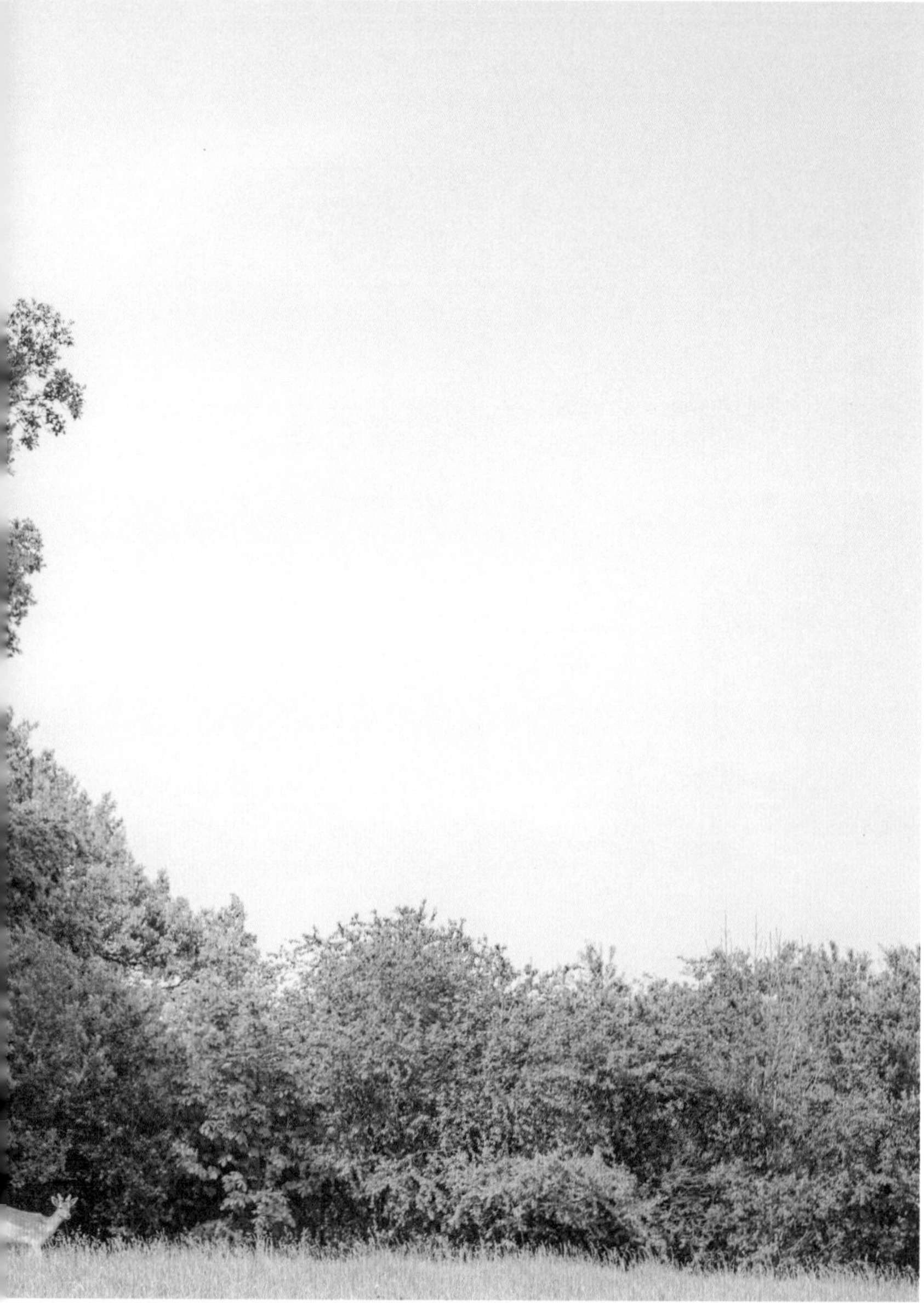

「大好き」の達人になる

突然ですが、あなたのおうちは大好きなものでいっぱいですか？

友人は大好きな人ばかりですか？　今の仕事は好きですか？

「大好き！　ではないけど、耐えられないわけではない」くらいの感覚であなたが身の回りに置いているものを、１つずつ見直してみませんか？

このことに関して私がもらったアドバイスで、とても役に立ったものがあります。

それは**「モヤッとするもの、好きではないものは『ミュート』にすればいいのよ！」**というものです。

そう教えてくれたのはスウェーデン人とイギリス人の両親を持つミア。

彼女はいわゆるインフルエンサーで、ＳＮＳに何万人ものフォロワーがいます。

音楽、ファッション、ライフスタイル、彼女の「大好き」を日々発信し続けている、大好きの達人ですね。

「ミュート」とは「消音」状態にすること。

1677

インスタグラムやX（旧ツイッター）などで、自分の見たくない特定の人の投稿を、アプリ内でこっそり非表示にできる機能があります。

これが「ミュート」機能です。

その人の投稿が見たくなければ「フォロー解除」や「ブロック」もできますが、それだと「あなたのことは嫌いです」という意思表示にとられてしまう可能性があります。

よって、相手にバレにくく、角の立たない「ミュート」機能が便利なのです。

北欧の人々の人間関係は、簡単にいえばドライ。

よくいえば、皆が皆を、**自立したそれぞれ異なる人間として尊重**しています。

例えば、友人関係でも、長年付き合っているうちにどうにもこうにも気が合わなくなること、ありますよね。

北欧の人々は、そんなときに（もちろん多少の努力はしますが）自分を犠牲にしたり、無理をしてまで関係を続けようとはしません。

そして、後腐れもなくさっぱりと離れていくのです。

th.

羨ましいけれど、簡単にはマネできませんよね。

さまざまな理由で、そうシンプルにはいかない、というケースが多いはずです。

そんなときに「ミュート」の出番。無理をして付き合わない。**ことさらに否定しないけれど、私の世界には入れない**。どうしても今すぐ「ミュート」ができないものはあるけれど、心の中でそうするのだと決めるだけでも、とてもラクになります。

ミアいわく、「嫌いなものをわざわざ見に行って、イヤ〜な気持ちになったり、それと戦ったりするのに時間とエネルギーの浪費をするのが、自分的に許せない」のだとか。

SNSでちょっとだけ「モヤ〜ン」とするあの人の投稿、思い切って「ミュート」機能で遠ざけてしまいましょう。

あなたの心をより快適な状態に保つために、あなた自身が行動をはじめるための、いいきっかけの1つとなるかもしれません。

合わないなと感じる人や、合わないなと感じる物事に使う時間を節約して、大好きな人を喜ばせるアイデアを考える時間をたっぷりつくりませんか？

そうしているうちに、ごくごく自然に、**あなたが苦手に感じるものはより遠くへ、大好きなものはより近くへ**集まってきていることに気がつくはずです。

自然の力でパワーチャージ

北欧の人々は、自然と触れ合う時間、**「Friluftsliv」（フリルフツリーヴ、直訳すると「野外生活」）**をとても大切にします。

休みの日に何をしていたか彼らに聞くと、返ってくる答えは、森の中でピクニックをしていた、海岸を散歩していた、など。自然と一体になりながら、家族や友人とゆったりと過ごすのが一番のぜいたくだそう。

実はこれ、ストレス解消にもとても効果があり「ストレスホルモンのコルチゾールを減少させるのに最も効果的なのは、自然を感じられる環境下で20〜30分間、過ごすこと」という米ミシガン大学の研究結果もあるようです（ちなみにランニングや読書などせず、ただ座ったり歩いたりしているときにもっとも効果が確認されたそう）。

とはいえ、都会に住んでいると、山や海まで出かけるのも一苦労。

そんなときは、私は日常の一部として自然を楽しむことを心がけています。

例えば、**朝の通勤は公園を通るルートにする、屋外でランチを取る**、など。

ちょっとしたことですが、とてもいい気分転換になります。

ショッピングセンターより森がおすすめ

ところで、私が日本に住んでいた頃、お決まりの休日の過ごし方といえば、ショッピングでした。

ショッピングセンターや駅ビルでお買い物をしてストレス発散！

電気屋さんで新作の家電を眺めて、つらい気持ちを紛らわせていました。

しかしながら、残念なことに北欧でのショッピングは「つまらない」のです。

幸福度調査によると、北欧諸国では**「ものの消費に幸福感を抱く」意識が薄い**そう。

もちろん、おしゃれなデパートなども、ないことはないのです。

しかし、それにかける情熱が、日本と比べて圧倒的に感じられない……。

購買意欲をそそるディスプレイやポップ広告はほんの少しで、基本的には、ものが棚に無造作に置かれているだけ。

さらにどこの店に行っても、だいたい同じものしか置いていません。

楽しくお話ししてくれる店員さんも、ほとんど見当たりません。

つまり、ショッピングは必要なものを調達するためのものであり、あまり娯楽としてみなされていないのですね（ショッピングに興味のない男性の方などであれば、そこまで驚かないのかもしれませんが……）。

ですから、**友人と遊ぶときも一緒にお買い物に行くことは少なく、お互いの家や、森や公園など自然のあるところに行こうと誘われることがほとんど**。

最初は「森に遊びに行くなんて、退屈しないかな?」なんて思っていたのですが、**自然の中で友人とゆったりおしゃべりして過ごすことが、ショッピングよりもずっと楽しく、そして、リフレッシュできる時間となっている**ことに気がつきました。

この本に書いているような学びも、そういった時間から得たものです。

日光を浴びて、体と心をやわらげる

あなたは、冬の日差しのあたたかさを感じたことはありますか？

北欧の人々にとって、それは日常の中に小さな幸せを見つける瞬間です。

北欧の冬の日照時間はとても短いため、**その貴重な日差しを最大限に楽しむことは超重要なミッション**となります。

日光を浴びることでビタミンDが生成され、**体内時計を整え、不眠や冬季うつを防ぐ効果**もあるのだとか。

ずっと屋内にいると、なんだか頭がぼんやりしてしまう感覚がありますよね。

そんなときは外に出て、太陽の光を浴びてみるのはいかがでしょうか。

新鮮な空気を吸えば頭もスッキリしてきます。

日本で冬を過ごすときも、私は日差しを感じる時間をもうけています。

例えば、朝、家の周りを散歩したり、ベランダで読書をしてみたり。

日差しにやさしくあたためられ、心に穏やかな時間が訪れるのを感じることができます。

どこに行くにも自転車主義

デンマークの人々は老若男女皆、自転車が大好き。

道路に自転車専用レーンはもちろん完備。自転車専用の橋まであります。

都会だと車よりも自転車で移動するのが一番早いという説も。

通勤・通学はもちろん、友達の家に遊びに行くのも、皆でサウナへ行くのも自転車！

私も、中学生の頃以来、久しぶりにメインの交通手段が自転車となりました。

ちなみに私は筋金入りの運動不足であったため、百戦錬磨のチャリライダー、デンマーク人たちの高速ペダリングについていくのにとても苦労しました……。

彼らいわく、自転車はただの移動手段ではないそう。

毎日のほどよい運動で心と体が元気になり、日中のパフォーマンスも上がる。

それに加え、車よりもずっと環境にやさしい！

自転車はまさに最強アイテムなのだとか。

日本でも近年、街中にレンタサイクルをよく見かけるようになりました。

久しぶりに自転車に乗ってみませんか？　いつもと違う景色が見えるはずです。

liljehøj
Interflora
Ensrett
Interflora
lilje

いい汗、かいていますか？

自転車だけでは飽き足らず、**体を動かす習慣をとても大切にする**北欧の人々。

街中にはスポーツジムがたくさんあり、いつもにぎわっています。

運動嫌いの私は「どうしてそんなにジム通いが続けられるの？」と、同僚の女性であり、とても仕事ができて、メンタルも強くて、フィジカル的にも筋肉モリモリなデンマーク人のトリーネに聞いてみました。

すると、彼女がちょっと悩んで、

「運動が大好きだからね！　もう少し正確に言うと『運動した後のリフレッシュされた感覚がないと、私はやっていけない！』って感じかしら」

とのこと。

「実は私、数年前にうつで塞ぎ込んでしまったの」

いつも全力な彼女、きっと責任感が強すぎて思い詰めてしまったのでしょう。

彼女はこう続けました。

「うつから抜け出したくて、カウンセリングも含めてあれこれ試したけど、圧倒的に

手応えを感じたのが運動だったの。特に筋トレが大好きになったわ」

「寛解《かんかい》した今でも、やっぱり冬は寒くて暗くて、気持ちがどんどん内向きになっていくのを感じるの」

「そんな**ももやもやを吹き飛ばす、最強の解決策が運動**なの！　実際、運動は抗うつ剤と同じくらい効果があるって研究があるのよ」

「ストレスの多いプロジェクトや、冬の寒さと暗さにのまれないように、筋肉と元気と体力を備蓄して、自分が強くなっていくのを感じるのがたまらないのよね」

と、教えてくれました。


北欧の大人たちの60％以上が週に2回以上運動をしているとのデータもあります。運動は、健康と幸せを追求する現代のバイキングたちが、冬の寒さや暗さに抗う手段の1つでもあるのかもしれません。

ちなみに、私は感動のあまり、その場で彼女に弟子入りを申し込み、マンツーマンで鍛えてもらったことがあります。

トレーニングは想像の数倍ハードでした。

重くて巨大な謎のボールを転がしたり、できない逆立ちをさせられたり……（「できない」と言っても諦めてくれない鬼コーチ化したトリーネ)。

ただただ、快諾してくれた彼女の期待に応えたい気持ち、そしてNOと言えない私の気弱さが相まって、限界を超えてトレーニング。

その結果、翌日には人生で経験したことがないくらいひどい筋肉痛になり、ベッドから起き上がれませんでした。

マンツーマントレーニングは残念ながらそこで中止になったものの、彼女の輝く笑顔と言葉はずっと心に残りました。

そんなショック療法(?)を経て、私も今や毎日軽い運動や筋トレを続けることができるように。

彼女が言ったように、ストレスの発散が上手にでき、疲れにくくなりました。

人間ってやっぱり、体力が資本なのだなとしみじみ実感します。

過去の私のように、いっさい運動をしていない方は、まず軽いウォーキングや、動画を見ながらできるストレッチからはじめてみてはいかがでしょうか?

自分1人ではなく、家族や友人を巻き込む、好きな音楽を聞きながらノリノリでやってみるなど、楽しくなる工夫をしながらやってみてくださいね。

「オリジナル儀式」で最高の1日をはじめる

「毎朝30分くらい走って、最後に海に飛び込まないと落ち着かないの。そうして1日を超リフレッシュした状態ではじめれば、今日もたくさんいいことが起きそうって思えて、とても前向きな気分になれるわ。私にとって欠かせない、毎朝の**『儀式』**みたいなものね」

「今朝は何していたの？」と何気なく聞いて、こう答えてくれたのは、スウェーデン人のヘレナ。彼女のモーニングルーティーンはかなりエネルギッシュ。

目覚ましのスヌーズ機能の3回目くらいで渋々起き、意識もうろうとしながら雑〜な朝時間を過ごしていた私は、ダラダラと1日をスタートし、そのままダラダラと1日を終えていました。

私も、そういう「儀式」があると楽しそうだなと思い、友人たちに調査開始。

するとやはり皆、思い思いの「儀式」があるよう。

「ベランダでコーヒーを飲まないと1日がはじまらないね」

「歯磨きをしながら、猫の朝食を見守る時間が大好き」

「ヨガ。朝は太陽礼拝に限るわ。今度一緒にどう？　教えてあげる！」

などなど、どれも楽しそう。

自分の気分が乗るもの、ご機嫌な気分になれるものを選んでいるよう。

私がいろいろと試した中で一番気に入って続いているもの、それは**ノートに、今日の気分や面白かった夢など、とにかく頭に浮かんだことを「ひたすら書く」こと**です。

あれこれ考えが散らばって混乱しやすい私でも、紙に書くことで頭の中をすっきり整理整頓できます。

今となっては欠かせない時間になりました。

また、もともと紙に何かを書く作業自体が好きなので、無心に好きなことができ、一石二鳥です。

「儀式」感を出すために、お気に入りの箱に紙とペンとお香を入れるのも、気分が上がります。

わざとうやうやしくやるのが、この時間をより楽しくするコツかもしれません。

あなたも、あなたの1日を最高な気分ではじめるための、オリジナルな「儀式」を考えてみませんか？

第 2 章

自分にとって本当に大切なことを明確にする

——自分軸の時間

Afklar, hvad der egentlig er vigtigt for dig

Kør med toget
hele dagen
25,- pr dag
stå af og på, som du vil.
Stoppesteder:
DK
AD 55 94

「あなたはどう思う？」と質問されたら……

北欧の人々は学校や職場のみならず、家族や友人とのプライベートな会話においても、物事について議論したり、意見を出し合うのが好き。

ぼーっと聞いていたら、いきなり、**「あなたはどう思う？」**と聞かれることもしばしば。

私はこの質問がとても苦手でした。

あなたにも経験がありませんか？

「ここは違うのでは？」

と感じても、

「まあ、別にいいか（空気を悪くするほどのことじゃないし）」

と、なんとなく考えを押しのけたこと。

自分の考えよりも、相手の聞きたそうな言葉がつい先に出てきてしまうこと。

空気を読むことや周りの人を嫌な気持ちにさせないこと。

それはマナーでもあり、とても大切なことですよね。

では、何が問題なのか？

それはズバリ、これがいきすぎると「自分の意見がなくなる」ということです。

そして**「自分のことがわからなくなってしまう」**からです。

「そんなはずはない！　だって私は私、ふだんは隠しているだけで、自分の考えだってしっかりあるはず！」

そう思いますよね。

ですが、本当にそうでしょうか？

最後にあなたの本音を人に話したのはいつでしょうか？

心理カウンセラーの友人いわく、非常に思い詰めた人々の持つさまざまな悩みに、1つだけ共通している点があるそう。

それは、**「ほかの人にどう思われているか」**で悩んでいるという点。

人生の限りある時間を、人にどう見られているかばかり気にすることに使いたいなんて人、いるはずがありませんよね。

ですが、それほど「ほかの人にどう思われているか」は強力なのです。

「周りの人を喜ばせたい」という気持ちが強い頑張り屋さんほど、自分の気持ちよりも、**空気を読み、「正解」を出すことが癖になっている**ように感じます。

そうしているうちに、自分の意見を主張する勇気がなくなってきて、しだいに自分がどうしたかったのかすら忘れてしまいます。

「あなたはどう思う？」

と聞かれて、自分の率直な意見をどれだけ伝えられていますか？

そして、

「私は何が好きで、何が嫌いなのか」

「私は何が得意で、何が苦手なのか」

さらには、

「私はこれから何をしたくて、何をしたくないのか」

を自分自身に問いかけてみて、すぐに答えを出せるでしょうか？

いつ聞かれても答えられるように、常に「自分の意思」を持っている人でありたいものです。

Voelkel
Strynø

すっぴんの自分が一番キレイ！

とある仕事で、北欧の女性のメイクアップに関する意識調査をしていたときのこと。

彼女たちは口々に**「すっぴんの自分がナチュラルで一番美しいと思う」**と回答。

「日本だったらなかなかない回答かも！」と、とても新鮮に感じました。

彼女たちのふだんのメイクは、リップクリームとマスカラのみといった、ごくごく軽いものが基本。時間をかけてメイクアップをするのは、パーティーのときなど、「スペシャルな自分」を演出して楽しむとき。

日本では毎日30分以上かけてメイクをしていた私。

北欧の女性たちを真似てすっぴんで出掛けているうちに、**世の中は私がメイクしていようとしていなかろうと、さほど気にしていないことに気づいてしまいました。**

それに「誰にも見せられない」なんて思っていた、すっぴんの自分の顔も、見慣れればなんとも思わなくなりますし、とにかく手間がかからなくて、自由を感じます。

まずは誰とも会わない日から、すっぴんで活動してみませんか？

その潔さと開放感があなたをキラキラ美しく輝かせてくれるはずです。

第 2 章　自分にとって本当に大切なことを明確にする——自分軸の時間

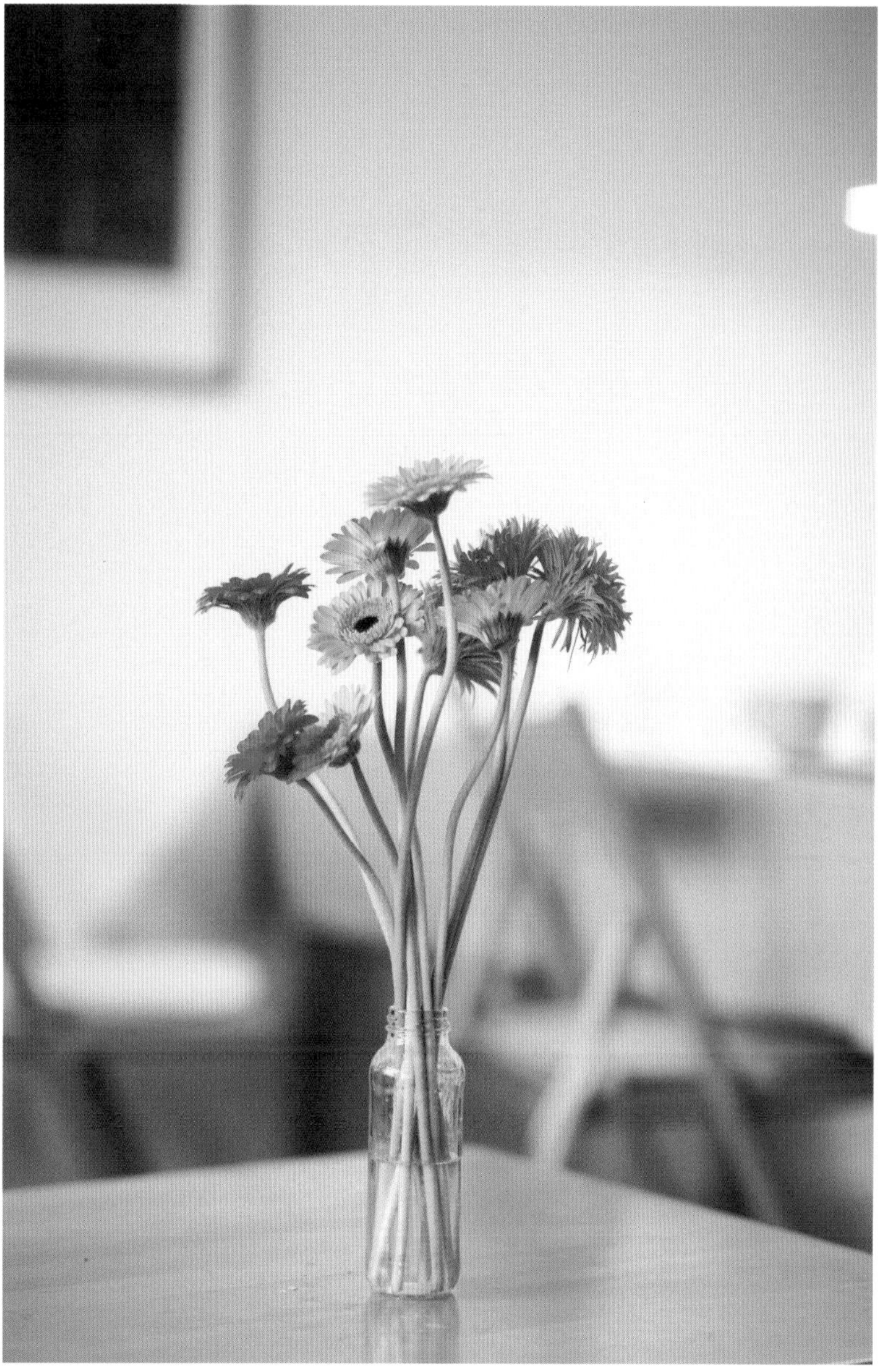

軽やかな成功法則

あなたは、

「今はつらくても、もうしばらく耐えていれば、その分、後で幸せになれる！」

←

「なんとか乗り越えた！（心身ボロボロ）。だがしかし、越えた先にさらなる難題出現！」

←

頑張る

←

さらなる難題出現

←

頑張る……

そんな無限ループにハマり、**「いつになったら報われるのだろう」**と感じたことはありませんか？

確かに、試験に合格したときや、大変な仕事が終わった後などに「解放された〜！よく頑張ったな〜！」と心地よい達成感はやってきます。

しかしながら、本当に、つらかったときに抱いていた期待通り、「その分、後で幸せに」なれたでしょうか？

私の場合は、達成感による幸せ感は一瞬だけ。

すぐにまた次の課題ばかり見えていました。

「なんだか幸せじゃないな。まだアレ（成功、もの、実績 etc.）がないからかな。まだ努力が足りていないんだ！　私がダメだからなんだ！」

と考えて焦り、また次の苦行へ飛び込み、ボロボロに。

というのも、その目標が「自分が本心から達成したいことだから」ではなく、「これをやればいいらしいから」という理由で、よく考えずに設定されていたからかもしれません。

結果、やりたくないことばかり必死にやる毎日を送っていました。

「忍耐、根性」は昔からの日本の美徳で、これでいいのだと錯覚してしまいがちです。

でも、どうでしょう。心の中では、

「もっと私は私の好きなように、自由に時間を使ってもいいのでは？」


と感じているのではないでしょうか。

この本では、北欧の暮らしを通して、私が見つけた「軽やかな成功法則」を提案しています。

それはズバリ、成功したから幸せに「なる」のではなく、「幸せな状態の時間が長い」＝「成功している」ということです。

私はここからさらに自分用にわかりやすく、**「好きなことをしている」＝「幸せな状態の時間を過ごしている」＝「成功している」**として、好きなことや楽しい予定だけで毎日が埋め尽くされているような状態を目指しています。

日々、やりたくないことは工夫してより少なくできないか頭を捻り、やりたいことは勇気を出して飛び込むように。

そして大好きな、「農園づくりゲーム」に没頭して心と体を休める時間も忘れずに。

そうやって、自分なりの人生における、大成功を目指しています。

第 2 章　自分にとって本当に大切なことを明確にする──自分軸の時間

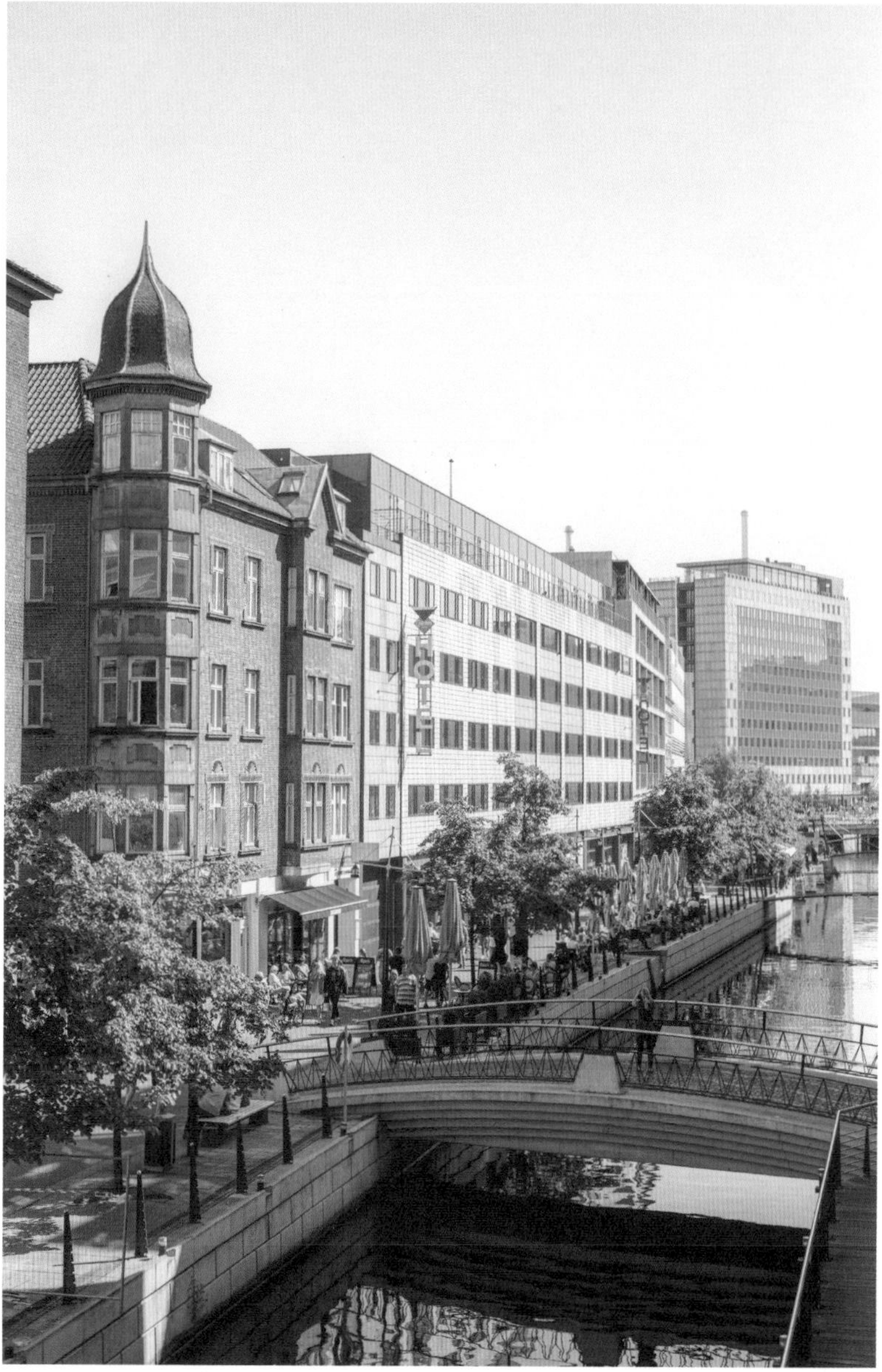

CRICKET

I FRUTTI DEL SOLE

好きなものに
自分のエネルギーを使うということ

「うーん、とはいえ好きなことばかりして、お金がなくなって生活できなくなったら、不幸じゃない？」

そう言いたくなりますよね？

確かに多くの場合、最初から好きなこと「だけ」に時間を使って生活していくのは、とても難しいかもしれません。

だからといって、つらいことをしている時間を、「私は我慢して努力している！」と安心できる「いい時間」としてしまっていませんか？

本当はつらくてやめたいはずなのに。

そして、**好きなことをしている時間を、「私はラクしていて努力していない！」と罪悪感を抱き、「ダメな時間」としてしまっていませんか？**

本当はもっと好きなことをやりたいはずなのに。

たとえそれが生産性のないことでも、お金にならないことだとしても（例えば私の場合、それは昔大好きだった「農園づくりゲーム」を何十時間もやることや、下手なイラストを延々と描くことでした……）、**とにかく好きなことをしている時間を、ちょっとずつ増やしていきませんか？**

1度きりの人生、好きなことをして楽しい気持ちでいる時間は、長いほうがいいに決まっていると私は考えています。

さらに、そうしていい気分でいると、エネルギーの循環がよくなり、単純に行動量が増えます。

すると、「数打てば当たる」で、好きなことで人に喜んでもらえる方法がちょっとずつ見えてくるのです。

そうなればしめたもの。

気がつけば好きなことが仕事になっているかもしれません。

そうしているうちに、毎日の生活が、好きなことでみるみるうちに埋め尽くされていくはずです。

20

ybbølsgade

「ちゃんとしない人生」のすすめ

子どもの頃は、自分の現在の年齢くらいになったら、もっと精神的に「ちゃんとした大人」になれると思っていませんでしたか？

毎年自分の誕生日に「自分はまだまだ、中身は小さい子どもなのだけど」とこっそり不安になること、ありませんか？

安心してください。実は皆そうらしいのです。

アートの授業で、フィンランド人の先生が、**「誰もが大人の『フリ』を一生懸命やっている、中身は小さい子ども」**だと言っていました。

でも皆まだ、このことに気がついていないのです。

周りと同じように「『ちゃんとした大人』にならないと！」と、皆が競うように背伸びをして、無理をしています。

好きではないことや、心のどこかで自分には合っていないと感じている仕事でも、「ちゃんとした大人」でいるために、そんな違和感を無視して続けてしまいます。

私は「ちゃんとした大人」になるのを諦めてから、すごく人生が楽しくなりました。

現在はフリーランス／自営業で、自分の好きなときに働いています。

だいたいベッドの上で寝転がって仕事をして、そのまま寝てしまうこともしばしば。

ちゃんとしていないのを通り越して、だらしないですね。

けれど、「ちゃんと」した大人として仕事をしていたときより、何十倍も幸せで、心も健康になりました。

好きなことで楽しく仕事がしたいなんて甘えている、といった考え方を持っている人もまだまだ多いようです。

無計画に会社を辞めてしまった私は、「自分探しは甘え」という言葉にグサッと心が切り裂かれそうになることもありました。

皆は当たり前のようにできている仕事が自分にはできず、みっともなく逃げた。そんな罪悪感があったからかもしれません。

しかしながら、うつの境界線を行き来していたあのときに、「甘えず」に「耐える」ことを選んでいたら今頃どうなっていたか。

考えると恐ろしいです。

恥をかく人、失敗をする人は「ちゃんとした大人」ではないのかもしれません。

私には、思い出してもバタバタと身もだえしたくなるような、恥や失敗が山ほどあります。

でも、どれも今ではただの笑い話になっていることに気がつきます。

もしあなたが「ちゃんとした大人」を目指すとすぐにつらくなるような、私と同じタイプの方であれば、さっさと諦めてしまいましょう。

そして、**面白い大人、いつも楽しそうにしている大人を私と一緒に目指してみませんか？**


「自己を失うということの最大の危機が、世間ではまるで何ごともないかのように静かに行われる。」

――セーレン・オービュ・キェルケゴール（哲学者）

第 2 章　自分にとって本当に大切なことを明確にする——自分軸の時間

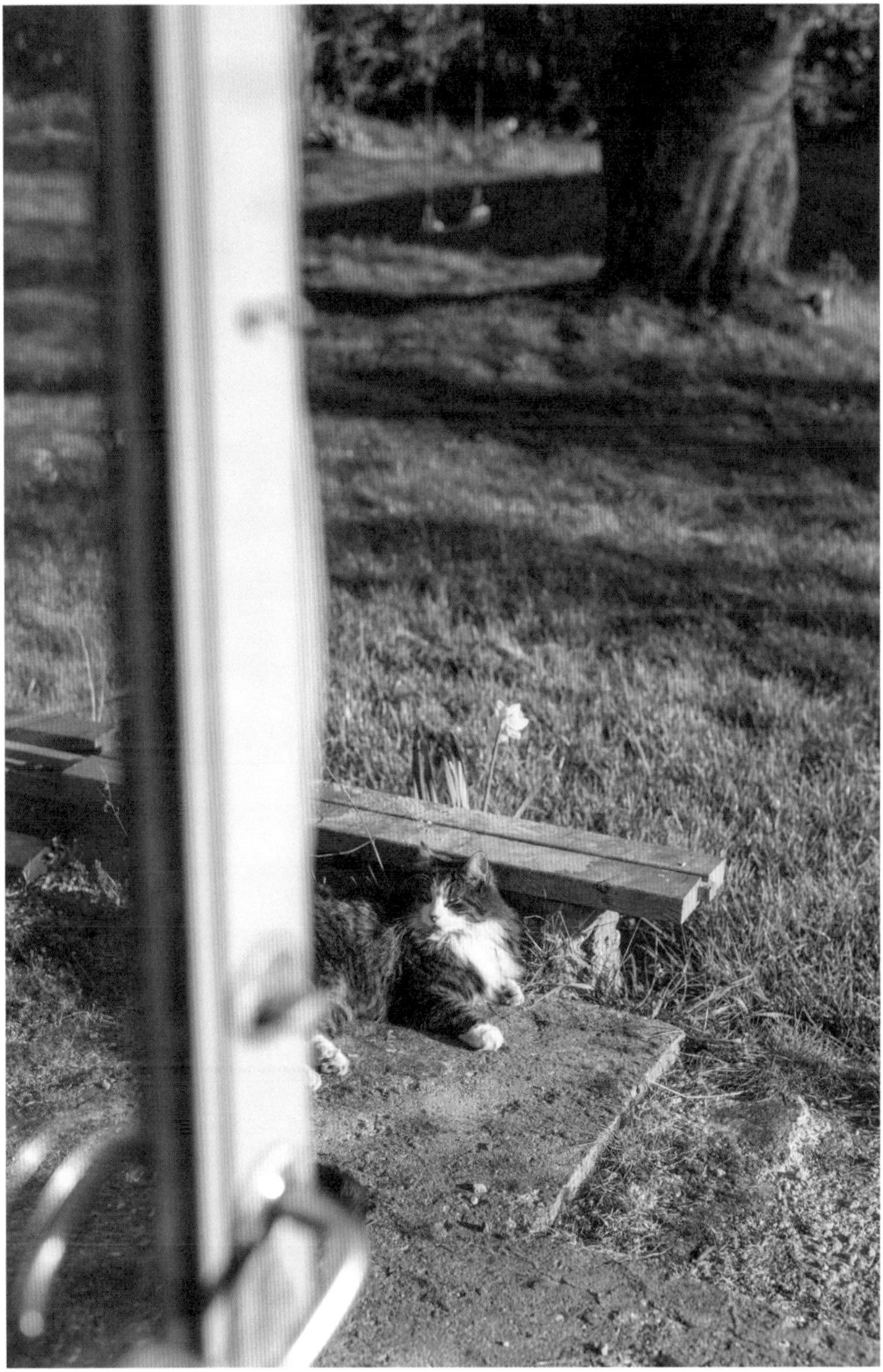

北欧の人々のファッションとは

北欧の人々のファッションを見てみると、彼らの考え方がよくわかる気がします。

北欧では、流行ど真ん中なだけの格好や高級ブランド品をこれ見よがしに着ている人を街中で見かけることはほとんどありません。

友人いわく、無理して身の丈に合わないものや、高級すぎるものを身につけるのは「そういうことにお金を使う人」と思われるそうで、どちらかというと嫌なのだとか。

そんなことよりも**自分に合ったおしゃれができること**が、かっこいいのだそう。

よって彼らには**それぞれお決まり、またはこだわりのスタイルがあり、そして今日の気分に合わせた格好**をしています。

自分らしさを表現でき、かつ心地よいことが重要なようです。

北欧の学校では、成績などで生徒に順位をつけることはまずありえないことです。

個性を重視し、1人ひとりの得意、不得意に目を向けます。

ファッションにもそれが現れているのかもしれませんね。

自分軸を持ち、お互いに否定しない

北欧の人々は「自分らしく」が大得意。

社会としても、いい意味で「自分は自分、他人は他人」の雰囲気があります。

「和」を大切にしてきたバリバリの日本人で、空気を読み、同意と共感が基本の会話に慣れきった私からすると、思わず焦ってしまうこともしばしば。

例えば、彼らがふだんの友人との雑談で、「あなたのその意見に関して私は全く同意できない。なぜなら……」とかなりストレートに意見をぶつけあう様子に、はじめは驚き、戸惑いました。

しかしながら、それでお互いの仲が険悪になり、わだかまりが残る……なんてことにはならないのを見て安心しました。合意に至らなくても**「これまでより深く、お互いの考えを知ることができて面白かった」**といったスタンスで、楽しげな様子。

「皆それぞれに異なる人間で、異なる考え方と意見があるのが当たり前」という前提が確固であることがわかります。なので、自分が人と違うことに必要以上に敏感になることもなければ、相手の考えを変えようと躍起になることもありません。

第 2 章　自分にとって本当に大切なことを明確にする──自分軸の時間

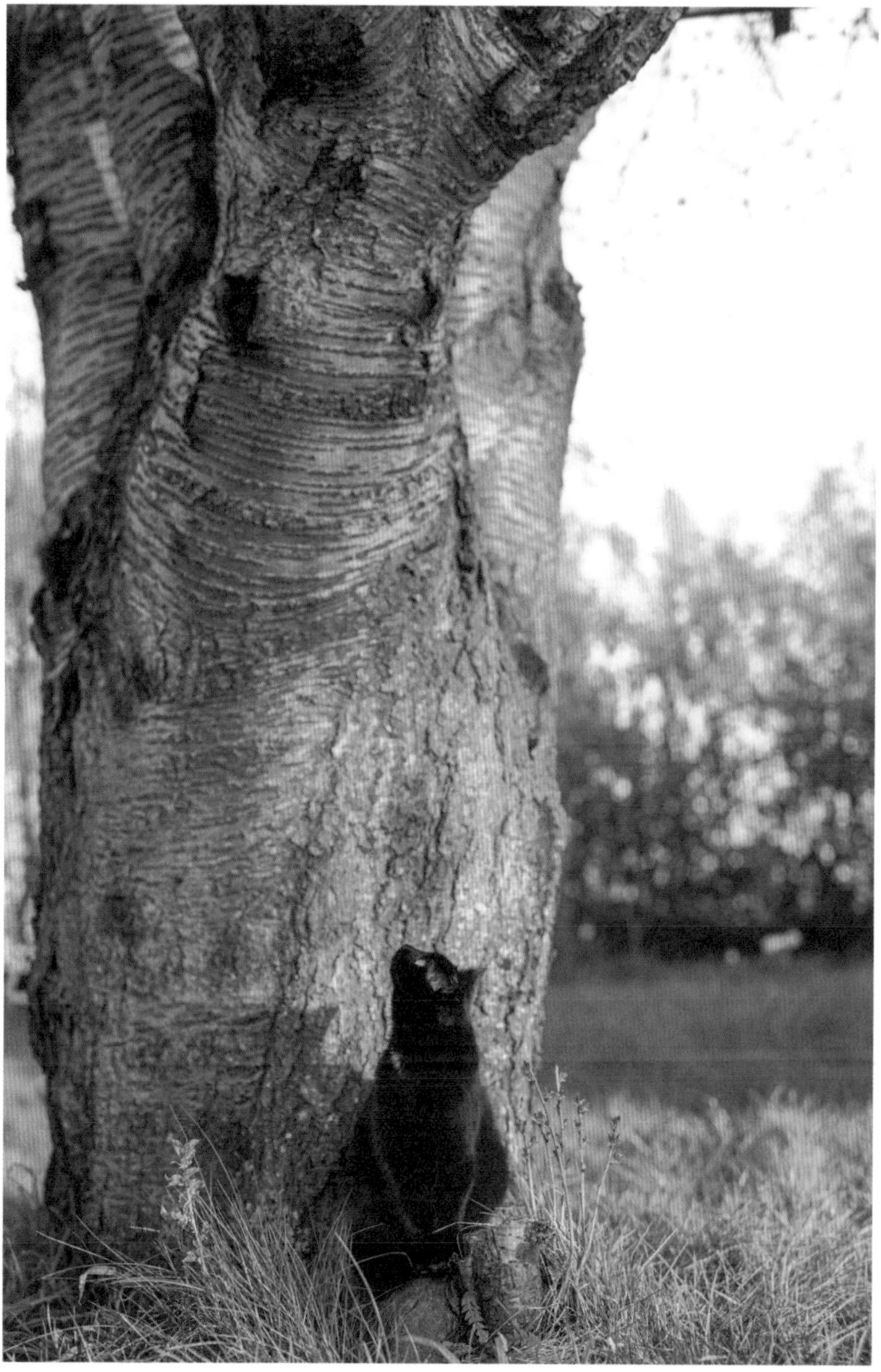

日本では多くの人が、なるべく「和」を乱さないことを尊重していますが、それを悪くいえば「他人の意見に流されやすい」ということになるかもしれません。

そんな中であっても、

「私の道は私が決める！　私は私の人生を幸せなものにしてみせる！」

そんな気合いを、今一度、あなた自身にプレゼントしてみませんか。

とはいえ、わざわざ「和」を乱す必要はありません。

例えば**「他人の期待をさりげなくスルーして、ちゃっかり自分のやりたいことだけやる」**ことや、「他人に迷惑をかけない、ではなく、**迷惑をかけてしまう分、たくさん感謝やお返しをする考え方に変える」**などといったことからはじめてみてはいかがでしょうか。

自然体で、どこでも自分らしくいられる人って、オーラが出てなんだかキラキラしているものです。

そんなかっこいい自分に出会いたいと思いませんか？

（私はもともと、おどおどキョロキョロしているタイプなので、その道のりは長いですが……、楽しく努力を続けています）

第 2 章　自分にとって本当に大切なことを明確にする――自分軸の時間

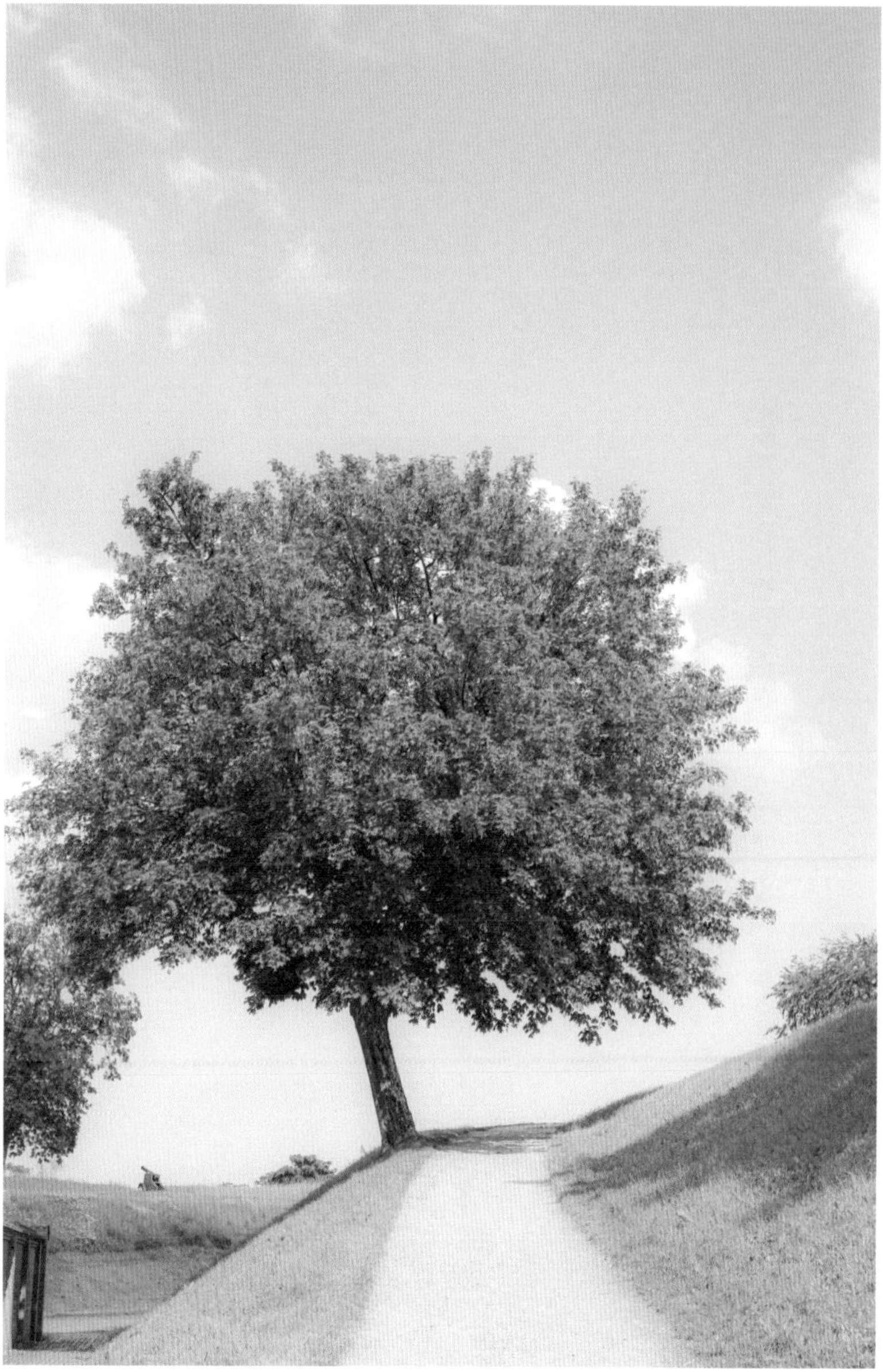

人の目が気になるのは当たり前！

スウェーデンの精神科医、アンデシュ・ハンセンが執筆したベストセラー『スマホ脳』にとても面白いことが書いてありました。

私なりにその部分を要約すると、「自分が他人からどう思われているのかを気にするのは生存本能である。なぜなら、人間を一番殺してきたのは人間であり、コミュニティ内で信用され、好かれなければ生きていけなかったから。よって人の目を気にする能力というのは、生きていくのに必要であったため発達した。そして今でもそれが色濃く残っている」という話でした。

この章では「人の目を気にせず」「自分らしく」というメッセージをお伝えしていますが**「人の目を気にしてしまう」「ときに自分らしくいられない」のは、当たり前のこと。**

私たちが、社会をより安全に生き抜けるよう身につけた「能力」でもあるのです。

ですので、**人の目を気にしている自分に気がついても、罪悪感は不要です。**

あなたのペースで「あなたらしさ」を育てていってくださいね。

第 2 章　自分にとって本当に大切なことを明確にする——自分軸の時間

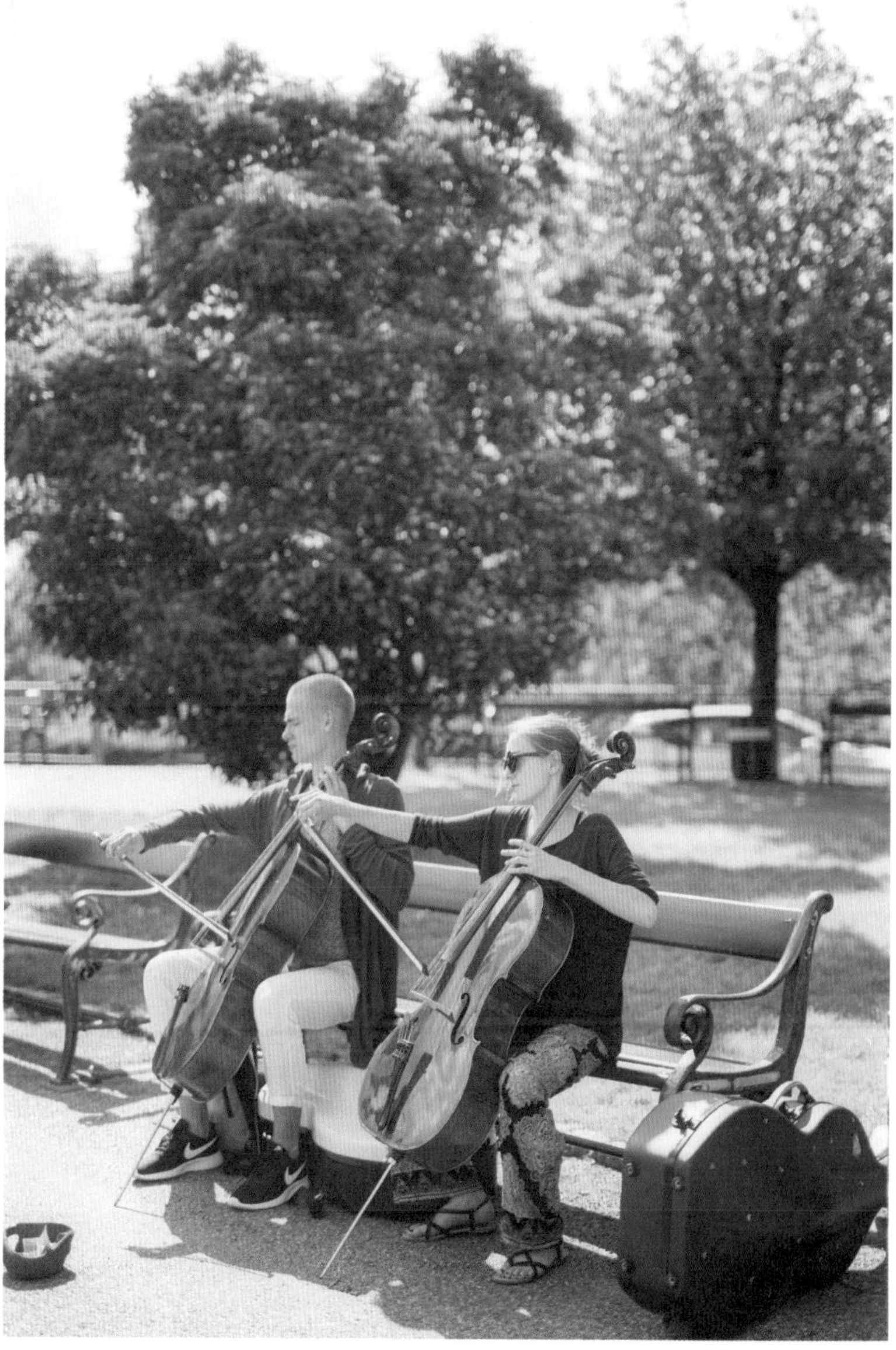

第3章

1つの物事に100%集中する

——シングルタスクの時間

Fokuser på én ting ad gangen.

１００％相手の話を聞く

「そ、そんなに見つめないで……!!」

北欧に来てからしばらくは、話をするたびに緊張して、しどろもどろになることがよくありました。

言語や環境の違いはもとより、彼らの「聞く姿勢」に圧倒されるからです。

「ねぇねぇ」と話しかけると、たいてい手を止めてこちらに身体ごと向けて目を合わせ、１００％集中してこちらの話を聞こうとしてくれます。

スマホやＰＣを見ながら、「テキトー」に軽〜くおしゃべりすることに慣れていた私は大いにビビりました。

「そ、そんなに大事なことを話すわけじゃないんだけど!!」と焦って、すごく早口になってしまったり、無理に面白い話にしようとしてスベりまくったり。

すると「ちゃんと聞いているから、安心して。ゆっくり話して大丈夫だよ」と、「じっ」と目を見つめて、そう言ってくれる人ばかり。

北欧においてこの「聞く姿勢」は、やはり意識的に重要視されている様子。

相手がまだ話しているときに割って入らないことや、日本のように「うんうん」と声を出して相槌を打つこともしないように（話す人の邪魔になってはいけないからという理由で）幼少期から教えられるそう。

最初こそ慣れなかったものの、この**「100％聞いてもらえる」**という感覚は、とても嬉しく、そして安心するものでした。

それはただのマナー以上のもので、私の意見、さらには存在をきちんと尊重してもらえている、そして思いやってもらえていると感じるからです。

忙しい日々の中で、ないがしろにしてしまいやすい「聞く姿勢」ですが、誰もが相手に贈ることのできる、素敵な贈り物の1つなのだなととても感激しました。

それから私も、人と話すときはスマホを触らない、何かをしながらではなく、その人に全精力を注ぐように心掛けるようになりました。

相手の話をきちんと聞くこと。

何気ないことのようですが、それが人間関係と交わされる会話を、**人と人、心と心が触れ合う、かけがえのない時間に変えるファーストステップ**なのかもしれません。

適度にスマホから離れる

あなたは1日に何時間、スマホやPCを見ているでしょうか？

私はスマホからの通知で、「あなたは昨日10時間、スクリーンを見ていました」なんて通知が来て、ぎょっとすることがよくあります。

SNSやショート動画を見て、気づけば数時間経過していたこともしばしば。

北欧ではデジタルデバイスの過度な使用について、危機感を強く持っている人が多い様子。

デジタルデトックス（スマホやパソコンなどのデジタルデバイスから離れて、リアルな世界に集中すること）の時間をもうけているという話もよく聞きます。

知り合いの夫婦は、こういったデバイスから距離を置くのがとても上手。

そのやり方は至って簡単。

仕事から帰ってきたら、玄関の箱の中にスマホを置くだけです。

30

取り出すのは連絡や調べ物をするときだけで、ずっと手元に置いておくことはしません。

夫婦でおしゃべりしながらゆったりと料理をつくったり、猫と遊んだり、本を読んだりすることに時間を使います。

私はまだまだスマホ依存症であり、このレベルには達していません。

しかしながら、雑多なインプットのしすぎで頭がモヤモヤしたり、誰かといてもついスマホが気になってしまう問題に対して、**夜ベッドにスマホを持ち込まないことや、人と会うときは必ず通知をオフにするという習慣だけでも、かなり効果を感じました。**

あなたも、デジタルデバイスとの付き合い方に、制限や自分なりのルールを考えてみませんか？

「今はこの時間」を意識する

北欧の人々を観察していて気がつくのが、**彼らは「切り替え」や「メリハリ」がとても上手**であるということです。

1日のうちでも、**今は何をする時間なのかがパキッと色分けされています。**

私が日本でよく感じていた「毎日こんなに疲れるまで忙しくしているのに、充実感が得られない」という虚しさ。その原因は、いろいろなことを同時にしようとするあまり、あやふやな時間ばかりになっていたからかもしれません。

集中力散漫で「あれっ、何していたんだっけ」と感じることもしばしば。

近年の研究でマルチタスクは生産性を大幅に減少させること、それに加え、ストレスホルモンであるコルチゾールが放出され、ストレスが増加することがわかっています。

マルチタスクで捗っている気がするのは、大抵「気がする」だけなのだとか……(悲)。

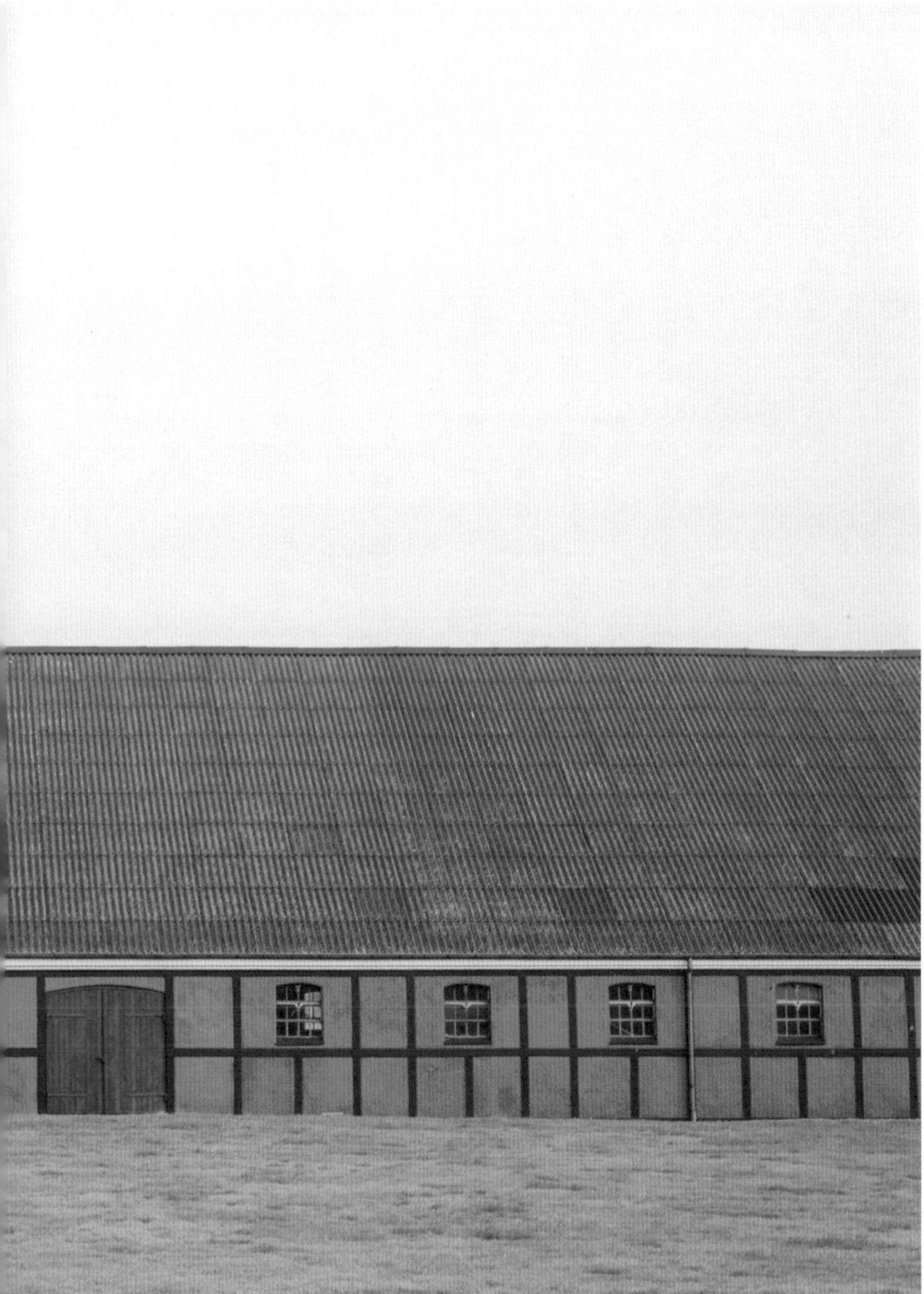

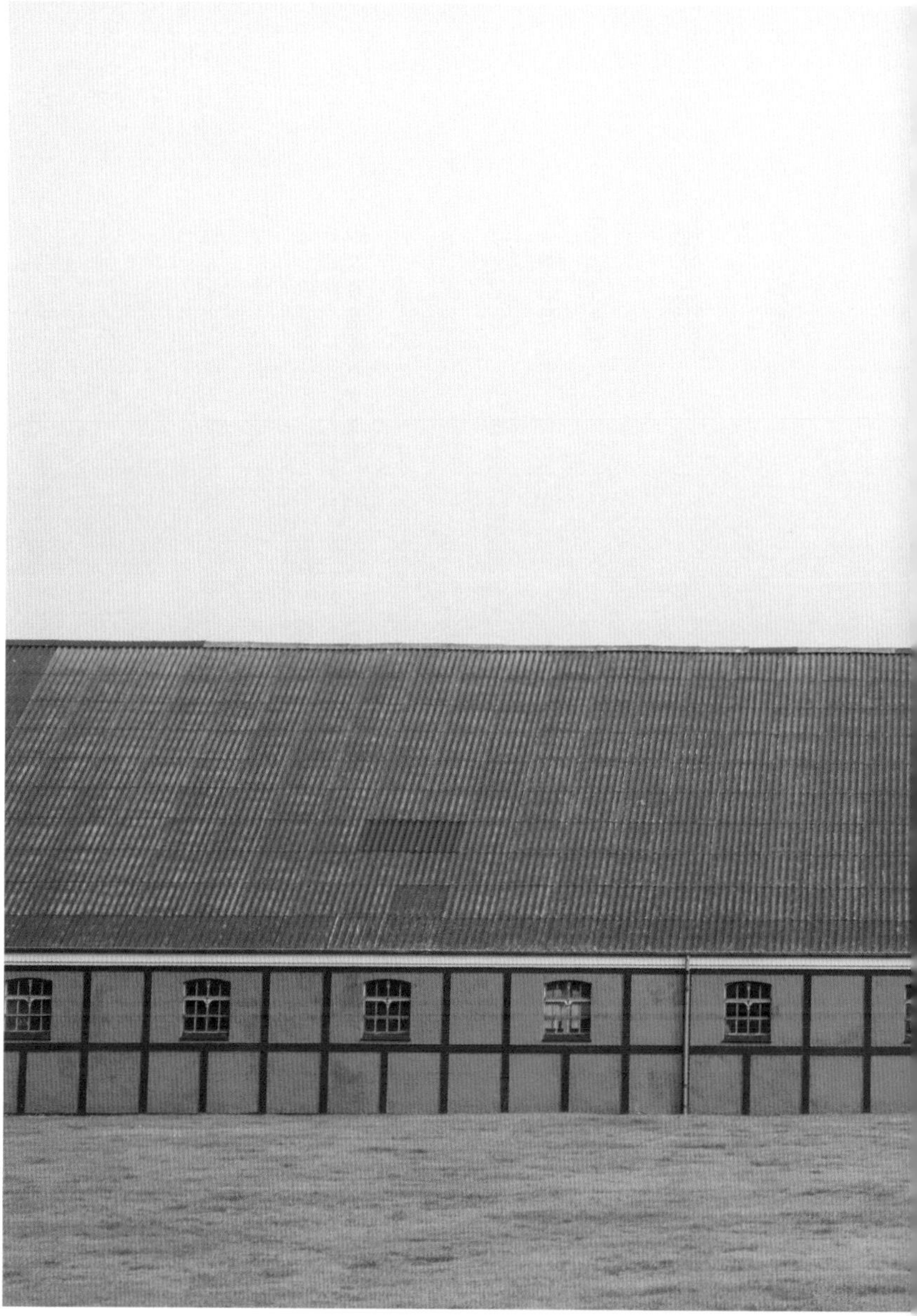

シングルタスクとマルチタスク

私の元上司にとても仕事ができるスウェーデン人の女性がいるのですが、その秘訣はマルチタスクの逆、「シングルタスク」にあると教えてくれました。

彼女の言葉を借りると、**「並列」は厳禁で、すべて「直列」にするのだとか。**

タスクをすべて1列に並べて、その1つの道をひたすら前進していく。

とにもかくにも「1つはじめたら、その事柄に全集中。ほかのことに手をつけないこと」だそう。

教えてもらうがまま、紙に書いてこれを実践してみました。

やり方はとてもシンプル。

（タスク1）

←

（タスク2）

←

（タスク3）

このように、予定しているタスクや、これからはじめるタスクを、**取り掛かる順に一列に紙に書くだけです。**

この直列・シングルタスクの徹底は私にとても効果がありました。

明らかにタスクを完了させるスピードが早くなったとともに、**自分がこれまでいかにほかの物事に気を散らせていたか**がわかりました。

仕事だけでなく、家に帰っても同様に。

夕食を準備するとき、家族と会話するとき、テレビを見ているときだって、極力その1つのことに集中するようにしました。

すると、1日の終わりに明らかに脳の疲労が少なく、スッキリしていることに気が付きました。

「今日はあれもこれも楽しかったな」という充実感まであります。

複雑なことが苦手で、あれこれ考えすぎて頭が混乱しやすい私にとって、「シングルタスク」はすごく合っていたようです。

起きていないことを心配しない

「Der är ingen ko på isen」、日本語に訳すと、**「氷の上に牛はいない」**となります。

なんとも奇妙な表現ですよね。

実はこれはスウェーデンのことわざで**「問題は何もない（まだ起きていないことを心配しすぎるな）」**という意味です。

ある冬の日、強風で電車が数時間止まってしまったことがありました。

不安でちょこまかと動き回る私とは対照的に、同じ電車に乗っていた北欧の人々は、皆落ち着いていました。

近くのカフェでコーヒーを買ってきて、のんびりとくつろいでいる様子。

そのときに友人から教えてもらったのがこのことわざです。

「焦らずにやれば大丈夫」といった意味合いもあり、日本でいう「急がば回れ」とニュアンスが似ているかもしれません。


世の中に溢れるニュースや広告には「英語が話せないと、これからの時代、仕事が

なくなるかも」「ゴルフをはじめないと、友人に誘ってもらえなくなる可能性が」「夏までに脱毛しないと……」などといった脅し文句がたくさん。

過去の私は、「ダメな自分は、あれをしないとダメなのか！」「このスキルも足りてないのね！　頑張らないと！」とノーガードで全部受け止めていました。そうしてできた「やるべきことリスト」は、あっという間にメガトン級のヘビーさに。

あまりの「やるべきこと」の多さに、何からはじめていいやら、焦るばかりで手につかず。やっと何かに手を付けても、ほかのあれもこれも気がかりで集中できず。

結局、「今日も1日無駄にしてしまった気がする」とか「自分はやると決めたことができない根性なしだ」とか、嫌な気分とストレスだけが残っていました。

ですが、冷静に考えて、このガバガバに「全部やる！」と決めた巨大なTODOリスト、全部完璧に遂行できる人なんて私の知っている限り、どこにも存在しません。

時間は有限ですし、ヘタレな自分のエネルギーはもっと有限。

「Der är ingen ko på isen」を思い出して少し立ち止まり、深呼吸しましょう。

私たちにとって、人生の時間を使って本当に「やるべきこと」は、思っているよりもずっと少ないはずです。

1日3つだけのTODOリスト

「それでもやるべきことが多すぎて、何をどうすればいいかわからない！」

と、混乱しまくっていた私が、ここで先述した元上司に再度泣きついて教えてもらった、TODOリストの作り方をシェアします。これまたシンプルでとても効果的。

それは、**1日にたった3つだけのTODOリストをつくる**ということです。

「今日、この3つさえ完了できれば、満足して眠りにつける」という基準でタスクを3つ書き出します（例えば、今日の私の3つのTODOは、①この本の原稿の見直し、②打ち合わせの資料の下書きを完成させる、③本を1冊読み終える、です）。

「3つだけ⁉　少ない‼」と感じるはず。もっと書きたくなります。

書いてもいいのですが、4つ目以降はあくまで「おまけ」。できればいいけれど、できなくても全然OK。そして、先の3つが終わったら取り組むのがルールです。

「今日、3つのことしかできないのなら、何をするべき？」と考えることで、何が自分にとって重要なのかを取捨選択する、いいトレーニングになります。

私自身、日々の時間の使い方の満足度がかなり上がったのを実感しています。

失敗を恐れない、デンマーク流仕事術

気張ると逆にうまくいかなくなるタイプの方、こちらに集合お願いします！
完璧主義になりがちなところ、計画に時間をかけすぎてしまうところ。
自覚、ありますよね。
なのに、わかっていてもやめられないので困ってしまうのです。

北欧の学校を卒業後、デンマークの企業で広報として仕事をはじめたときのこと。
彼らの仕事の効率のよさに驚いてばかりいました。

その仕事の進め方は、日本人の私からしたら、かなり「無鉄砲」、そして「お気楽」。
「ちょ、ちょっと待って‼」と言いたくなるようなスピード感です。
実際に、「ほら、よく考えないから！」と言いたくなるような失敗も起こります。

しかしながらたいていの場合、すぐに解決し、あっという間にプロジェクトを成功に導いてしまいます。

「やってみないとわからないので、とりあえず手を付けてみる」

くらいの軽やかさが彼らにはあります。

なぜそんなことができるのか、不思議でたまりませんでした。

そしてある日、私のへっぴり腰な態度に耐えかねたのか、同僚が、その不思議を解消する考え方を教えてくれました。

「君は、何ごとも片方の道を選べば成功、片方の道を選べば失敗してゲームオーバーになると思っていない？」

「あ、いや！　そう感じるのは何も悪いことではないよ。だけど、もしその考え方が君にとって負担やプレッシャーになっているのなら、僕の気楽な考え方を聞いてみて」

「僕は自分の体験から、成功までの道のりをこう考えるようにしているんだ」

「最初から、成功の道、失敗の道にわかれているわけじゃない。まず目の前の道を

進むしかない。そうすると、当然のようにいつもいくつか失敗があって、それらを乗り越えつつ進んで、はじめて成功にたどり着くって感じ」

「失敗は成功のもとってやつだね」

「そうそう、だから、最初から最後まで失敗なしの計画を立てようなんてしない。とにかく前に進みながら、ちょっとずつ失敗していく。その過程でデータが集まってくる。それを基にして、どうするかまたそのときに判断していくのさ」

「もちろん、もし失敗してもそれが致命的にならないこと（取れる範囲のリスクであること）をきちんと確認してから進んでいるよ。そうすると、迷いなく決断できる。あれこれ漠然と思い悩まなくて済むから、結局ラクなんだよ」

私はこの考え方がとても気に入りました。

取り入れれば、なんだか、

「どうせ失敗するんだろうけど、それでOK！」

「とにかく前に進んで、やってみよう！」

と、気軽にチャレンジできそうな気がしてきませんか？

思えば、立ち直れなくなるような状態になってしまう失敗なんて、世の中ほとんどないはず。

まずは小さなことから、前からやってみたかったことを、とりあえずプチ体験するくらいの感覚ではじめてみてもいいかもしれません。

その過程でお金や時間がかかったり、恥をかいたりするかもしれませんが、だいたいが事前の想定の範囲内で収まります。

それで楽しい経験ができたり、新たな発見があったりすれば大ラッキー！

ですが逆に、それが自分には合わないなと気づいたとしても、それも同じくらいラッキー。

なぜなら、それもとても大切な、次回の成功に繋がる貴重なデータとなるからです。


「仕事は一番いい暇つぶし。」

——デンマークのことわざ

20

自分のスタイルが最高のスタイル

たくさん本を読んでも、成功法や仕事術に詳しくなっても、なかなか自分の人生はよくならない。

そんなふうに感じたことはありませんか？

その原因はズバリ、**自分に合っていないのに、ほかの人のスタイルを無理やり真似しようとしているから**かもしれません。

私は過去にたくさんの仕事術や時間術の本などを読んでは、真似して挫折し、自信を失って落ち込むということを繰り返していました。

思えば「これさえやれば万事解決！」できるような「答え」を求めていました。

しかし、情報収集や、真似してやってみた体験から得られるのは、実は「答え」ではなく、「ヒント」や「自分のスタイルをつくる小さなパーツ」だったのです。

例えば私自身の場合は、何が得意で何が苦手なのか、どういう要素があればやる気が出てうまくいきやすく、逆に、どういう要素があるとすぐに挫折してしまうかといったことです。

つまり、誰かに全部教えてもらうことはできない、ということ。

見つけたパーツを自分で試行錯誤しつつ組み合わせて、自分流のピッタリ合う方法や成功法則を自らの手でつくらなければいけないということ。

そして、その過程が楽しいことを最近やっと理解できてきたように思います。

（友人に自慢げにこの話をすると、「えっ、そんなの当たり前じゃない？」と言われてしまったのですが……）

「この方法は私に合っているかな。心地よく続けられそうかな」

この本も、そんな問いとともに読んでいただければ幸いです。

これまでご紹介した、私が北欧で見つけた「時間の使い方」「物事の考え方」も、ぜひあなたが「面白そう！」と感じたものから「お試し感覚」で取り入れてみてください。

第4章

遊び心と冒険心を忘れない

——クリエイティブの時間

DIYが生活の一部！

「この棚も、このテーブルも、自分で作ったんだ！」

北欧の友人の家に遊びに行くと、よく手作りの家具が置いてあります。プロ並みのクオリティのものから、子供が学校で作ってきたかわいらしいものまで。一軒家のおうちのガレージには工具がズラリ。家具の組み立てから家の改装まで、当たり前のように自分でやってしまう人が多くいます。

聞けば、小学生のときの秘密基地づくりの頃から、本格的なハンマーやノコギリを親から渡されて使いこなしていたという、DIY英才教育を受けた人もちらほら。

「確かに、新しいものを買ってしまえは、ラクだし早いよね。なんならそちらのほうが安くつくことだってある。**だけど、自分の手で大好きな家や家具を修繕して、さらに愛を込める時間が私にとってすごく大切な時間なんだ**」

そう話す、DIYの達人のイェンスさんのおうちは、何から何まで手作り。

愛を込めて几帳面に手をかけてもらっているおうちと家具たちが、とても生き生きとしているように見え、あたたかで心が満たされる空間でした。

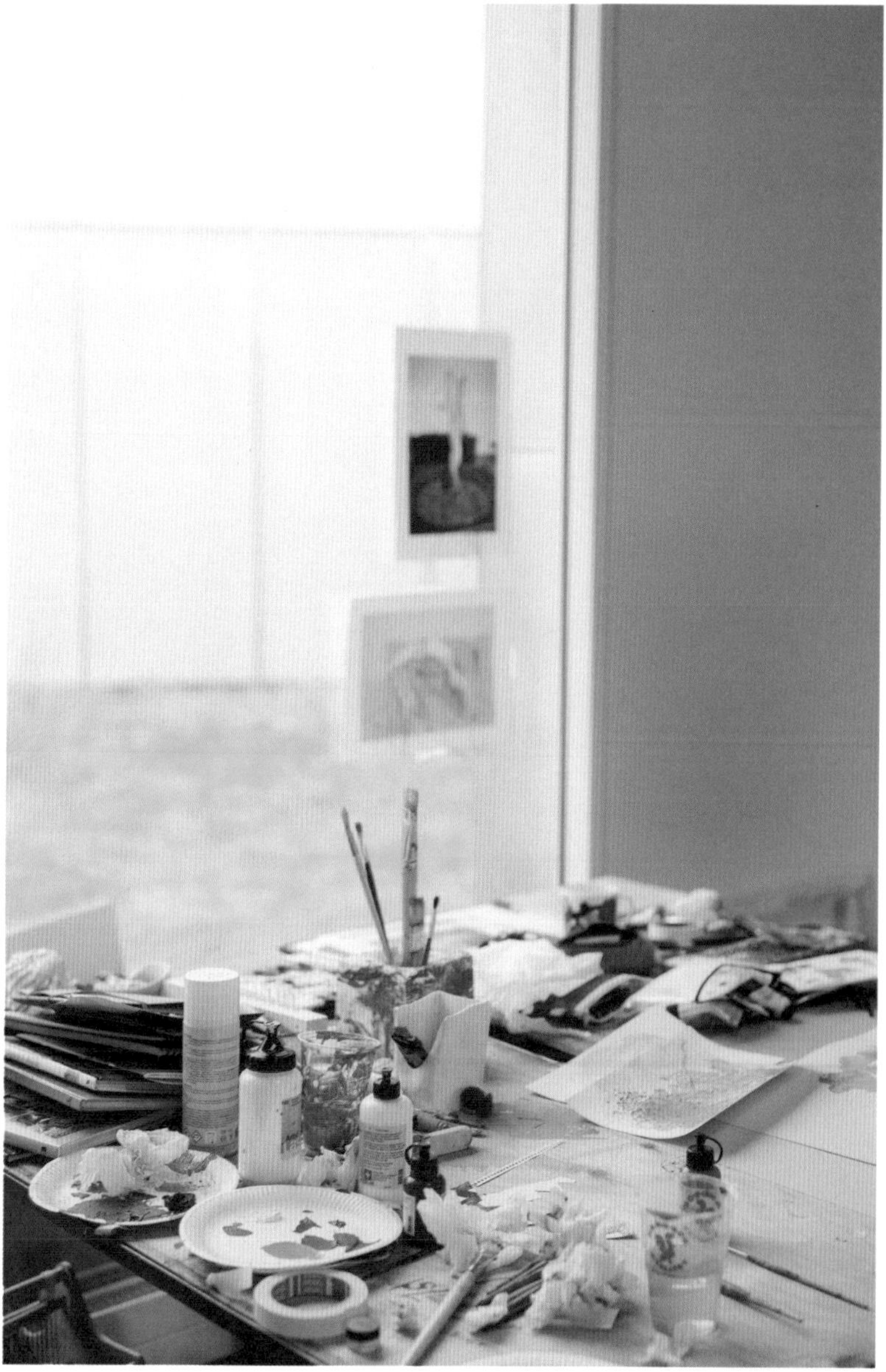

こだわるべきは照明

デンマークで暮らしている私が、何よりも気に入ったもの。

それは、**あたたかな光を放つ「PHランプ」**です。

北欧の家庭において、照明はただ部屋を明るくするだけではなく、心地よい空間を演出するための超重要アイテムです。特に、デンマークのデザイナー、ポール・ヘニングセンがデザインしたランプは、その美しさと機能性で広く愛されています。

計算され尽くしたシェードが光を滑らかに分散させ、部屋全体を包み込むように照らします。

その光は、まるで北欧の夏の夕暮れどきのような、あたたかくソフトなもの。

日本の家庭でも、**照明を上手に選ぶことで部屋の雰囲気はガラリと変わります。**

重要なのは、目にやさしい自然な色温度の光を選ぶこと。さらに、間接照明を活用して、家全体をやさしくてあたたかい空間に演出することができます。

こうした小さな改良を通じて、何気ないおうち時間をより上質なものにしていきたいものです。

セカンドハンドショップで宝物探し

北欧の街のあちこちで見かけるセカンドハンドショップ（リサイクルショップ）。古着の服やアンティークの食器、絵本まで、あらゆる品々が所狭しと並ぶその空間は、まるで大きな宝箱のようです。オーナーいわく、

「**ここは新たな発見を楽しむ場所**なの。物の価値を見直し、捨てられる前に新たな命を吹き込むことで、環境にもやさしい生活ができるわ」

とのこと。

私が見つけたのは、白と青の花柄の陶器のティーポット。ユニークでかわいらしい模様と、丈夫そうな重厚感に心を鷲掴みにされました。

そしてこの自分だけの宝物を使って過ごすティータイムの時間が、私にとってとても特別で嬉しい時間になりました。

日本でも、おしゃれなリサイクルショップや古着屋さんをよく見かけます。何か特定のものを探しに行くというよりは、ふらりと「何が見つかるかな？」という気持ちでたずねてみましょう。素敵な出会いがあなたを待っているはずです。

北欧の人々のインテリアへの情熱

高級ブランドの服や、高級車にはあまりお金を使いたがらない北欧の人々ですが、彼らの財布のヒモが唯一ゆるくなってしまうものがあります。

それはズバリ「家具」です。

北欧の人々は自分の家が大、大、大好きで、こだわりも並大抵ではありません。

例えば、私がホームステイでお世話になった、デンマーク人のラースさん。家具を買うとき、1度に全部そろえるなんてもってのほか。椅子1つとっても何ヶ月もかけて、何件もインテリアショップを回ります。お気に入りのものを見つけてもまだ買いません。何回も見に行っては、愛しのマイホームとの相性を想像し尽くします。そうして納得したものには、何十万でも惜しみなく出したりするので驚きです。

豪華絢爛なものよりも、シンプルで素材のあたたかみを感じられるものを選びます。彼らいわく、心地よさが一番大切であり、これらの家具も、北欧の長い冬の長い夜をほっこりと過ごすための必要経費なのだとか。

大事なのは機能性とシンプルな美しさ

シンプルだけど、なんだか心地よい。そんな北欧デザインの魅力の1つとして**「機能性と美しさの調和」**が挙げられます。

北欧の家具たちは、一見すると飾り気の少ない、素朴ともいえるデザイン。でも、座ってみると体にフィットしたり、持ってみると手にすっとなじんだり。そして注意深く見ると、静かに輝く美しい木目や、職人技の数々。使えば使うほど、考え抜かれたデザインの良質さを感じることができます。

買い物をするとき、つい目新しくて面白いデザインや、アクセントになる派手なものを手に取りがちです。

しかし、北欧流のモノ選びをするならば、使い心地、耐久性、悪目立ちないシンプルさが備わっているかを厳しく吟味することが必要です。

「必要なものだけを、そしてその必要なものを最高に使いやすく、美しく」

家具デザイナーを目指している友人の言葉を胸に、ふと気を緩めると、どう考えても不要なものを暴れ買いしてしまいそうになる自分を諌《いさ》めています。

素敵なお部屋づくりのとっておきのコツ

学生でお金がなくても、高い家具が買えなくても、暮らしの心地よさには妥協しないのが北欧の人々。皆、思い思いの**世界一のマイホームを目指します。**

中古の家具を安く買ったり、譲ってもらったり。時には道端に捨てられている、まだ使えそうな家具も拾ってリメイクするなどして、上手に空間をつくっています。

デンマーク人である、友人のヤコブもその１人。

「すごいね」と褒めると、照れながらコツを教えてくれました。

暖色の間接照明と観葉植物を多めに置けば、とりあえずそれなりになるとのこと。なるほど確かに。

日本でも、コロナ禍でステイホーム期間が長引き、家で過ごす時間の質や、インテリアの重要性に気がついた人も多いのではないでしょうか。

あなたが長い時間を過ごす場所を、あなたらしく、心地よく整えてみましょう。お金をかけずにあれこれ工夫できないか考えるのも、とても楽しいプロセスです。

ベランダや窓辺でハーブを育てる

デンマーク人の友人の家にお邪魔すると、庭やベランダでハーブを育てているのをよく目にします。

特におすすめなのは、ローズマリーです。**ハーブは観葉植物としてだけでなく、料理にアロマに大活躍。**

ありとあらゆる植物を枯らしまくってきた私でも無事に育てられている、かなりの生命力と使いやすさがその理由です。

針葉樹のようなすっきり・爽やかな芳香はストレス軽減効果があります。

また、料理にも使いやすく、なんだか料理上手な気分になれるので乱用しています。

さらに、スライスしたレモンとローズマリーを水の入ったボトルに入れて、冷蔵庫で半日置けば、フレーバーウォーターのできあがりです!

手間が少ない割に、大いにおしゃれな気分に浸れます(大切)。

ホットチョコレートの魔法

特に冬、北欧の人々に深く愛されているのが、**ホットチョコレート**。

カフェだけでなく、冬の遊園地でも、大人も子どももそろってホットチョコレートを飲んでいるのを見かけます。

もうその名前の響きからして、最高ですよね（私は甘いものが大好きです）。

つくり方はいたって簡単。

チョコレートをあたたかい牛乳に溶かすだけ。

レンジでもつくることができます。

なんともカロリーと糖分がすごそうですが、カカオに含まれるビタミンDが冬季うつを防ぐので、もはや健康ドリンクだと北欧の人々は言い張っています（※諸説あります）。


自分を甘やかしている〜！

芯からあたたまっていく〜！


そんな快感に身を委ねるひとときも、時に必要です……！

第４章　遊び心と冒険心を忘れない――クリエイティブの時間

第5章

小さな幸せに感謝し、祝福する

——ヒュッゲの時間

「ほっこりタイム」をもうける

デンマークには**「Hygge（ヒュッゲ）」**という単語があります。

ピッタリと同じ意味の日本語はないのですが、「ほっこり」が近いと私は感じます。

「家族や、気の置けない友人と皆でこたつに入っているときの感覚」というとわかりやすいでしょうか。

居心地がいいとか、気持ちがまったりとしている状態です。

「身近で快適な時間」とも訳されるようです。

デンマークの人々は、日常でこの単語を非常によく使います。

どんなシチュエーションが一番「Hygge（ヒュッゲ）」なのか、熱心に話し合うこともしばしば。

自国のアイデンティティにも感じているそう。

形容詞としてだけでなく、動詞として「ちょっとHyggeしよう〜」なんて誘われることも。

スウェーデンにも**「Fika（フィーカ）」**という単語があり、「コーヒーブレイク」を意味しますが、単なる小休憩ではありません。

友人や同僚とともに、コーヒーや紅茶とお菓子を楽しみながら、心の中の話や日常の出来事を共有する、スウェーデン人にとってとても大切な時間となっています。

スウェーデン人はほぼ全員、1日に数回、フィーカの時間を取るそう。

こちらも、よく「Fikaしよう～」と誘ってくれます。

これらの言葉から、北欧の人々は、仕事や日常の忙しさから一歩引いて、リラックスする時間を持つことをとても大切にしているのがわかります。

仕事が立て込むと、このような、心を穏やかに暖める時間をつい蔑ろにしてしまいます。

忙しいときほど意識して「ほっこり」時間を取り、心地よさを感じる状態に戻ることを忘れないようにしましょう。

ろうそくは便利アイテム

北欧の人々は、**ろうそく**が大好き。

ろうそくを灯すと、ゆらゆらと揺れる炎を見ているだけで気持ちがとても落ち着くのだとか（実際に、ろうそくやたき火など炎の揺らぎを見ていると、リラックス時の脳波であるα波が増加することが研究で判明しているそう）。

友人宅でのディナーに招待されると、テーブルの真ん中や窓際にていねいにろうそくが灯されているのをよく目にします。**ろうそくが空間をやさしく照らし、あたたかく歓迎されているような素敵な空間演出をしてくれます**。

私自身、これまで「#ていねいな暮らし」的なものに憧れつつも、ズボラすぎて幾度となく挫折してきました。そんな私でも、この「ろうそく」にはハマりました。灯すだけで一瞬にして部屋が豊かであたたかな雰囲気になり、リラックス気分に自然と切り替えることができます。

簡単ながらも、日常に特別感と安らぎの時間をもたらしてくれるそのアイテムは、これからも私の生活に欠かせないものとなりそうです。

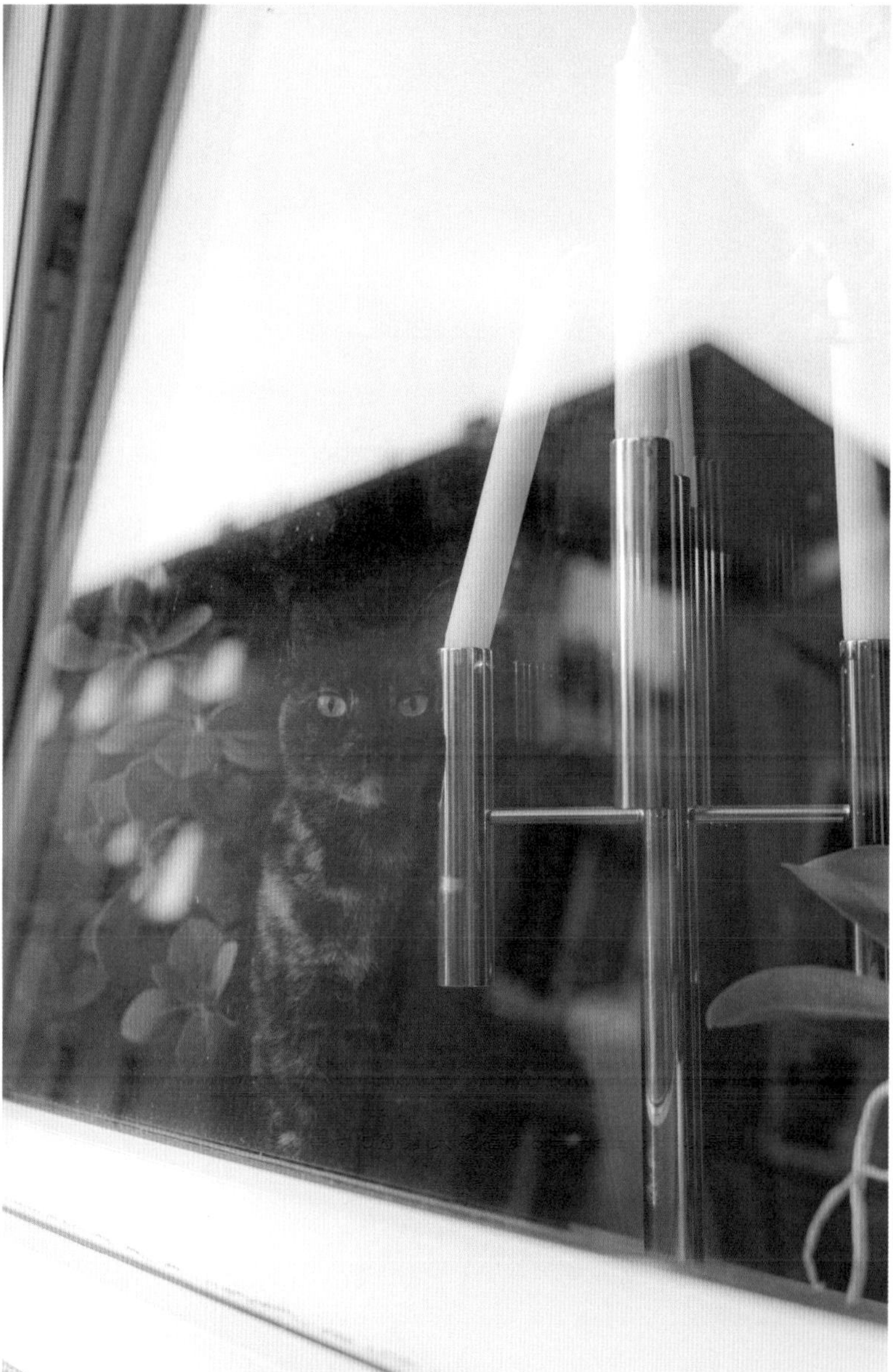

クリスマスは読書時間

アイスランド語で「Jólabókaflóð（ヨーラボカフロッド）」、直訳すると**「クリスマスの本の洪水」**。アイスランドではクリスマス前の数ヶ月、大量に新刊本が出版されることが恒例であり、それを指した言葉です。

各家庭に書籍のお知らせのカタログが届き、それを見ながら本を注文し、友人や家族にクリスマスプレゼントとして贈るのが一般的だそう。

第二次世界大戦後、アイスランドでは外国からの輸入が難しくなりましたが、本はその例外であったことがこの風習の背景であり、現在に至るまで本は最も人気なクリスマスプレゼントなのだとか。

渡す相手のことを考えながらじっくり本を選ぶ時間。冬の寒さから逃れ、あたたかい場所でホットチョコレートを片手にゆったり本を読む時間。本をプレゼントし合った友人とそれぞれの感想を語り合う時間。

どの時間も、**本に包まれた愛とあたたかさ、そして共有の喜びを感じられる、とても豊かな時間**となりそうです。

おやつは「エーブルスキーヴァ」

ある冬の日、私はデンマークの友人のアパートメントを訪れました。

そこで出会ったのは、デンマークの伝統的な冬のデザート。

たこ焼き……ではなく、ふわふわの小さな丸いパンケーキ、**「Æbleskiver（エーブルスキーヴァ）」**です。

日本でもたこ焼き器で簡単につくれます。

今日のおやつにいかがでしょうか？


Æbleskiver（エーブルスキーヴァ）のレシピ

材料

小麦粉…500ml／バニラシュガー…小さじ1／2
カルダモンパウダー…小さじ1／重曹…小さじ1／塩小さじ…1／2
砂糖…大さじ3／レモン…1つ／卵…3つ
バターミルク…400ml／バター…20g

1 小麦粉、バニラシュガー、カルダモン、重曹、塩、砂糖をボウルに入れて混ぜる。レモンの皮を細かくすりおろし、混ぜ合わせる。

2 卵を白身と黄身にわける。卵黄とバターミルクを混ぜ合わせ、1を加える。生地を冷蔵庫で30分冷やす。

3 卵白を泡立て器でふわふわになるまで泡立て、ヘラでそっと生地に混ぜる。

4 たこ焼き器を熱し、バターを塗る。生地を穴の3／4まで詰める。キツネ色になるまで焼く。

5 楊枝か串で半回転させ、さらに生地を流し込む。最後に回転させ、両面が黄金色になるまで焼く。

6 完成！　粉砂糖、ジャムをたっぷりつけていただきます。

定番は、ボードゲーム

せっかく友人と遊んでいても、気づけばお互いにスマホやテレビなど画面を見てばかり。なんてこと、ありませんか。

もちろん、それはそれで気を使わなくてくつろげる時間ではありますが、たまには、**古きよきボードゲーム**をやってみませんか？

北欧の人々はボードゲームが大好き。誰でもすぐに楽しめるシンプルなものから、何十時間もかかるようなものまで、家にずらりと置いてあります。

初対面だと過度に緊張して、そわそわしてしまう私にとって、**自然とコミュニケーションが取れるボードゲームは強い味方**です。

初心者でも簡単なのは、会話が弾むコミュニケーションゲームと呼ばれるもの。カードに書いてあるお題について話すだけ、といったとてもシンプルなルールのものが多く、はじめやすいため、おすすめです。

お互いにふだん話さないことや、知らなかった一面が見えて、いつもと違った、豊かで楽しい時間が過ごせます。

サウナでととのう

近年、日本でも大人気のサウナ。

実は、**北欧はサウナの本場**なのです。

フィンランドは人口550万人でありながら、300万個のサウナがあるとか。

血液の循環がよくなって頭がすっきりし、「整う」のはもちろん、現代において、スマホも仕事も家事も何もない環境でぼーっとする時間を取ること自体にも、大きな価値があるように感じます。

私が住んでいたところに「サウナクラブ」というものがあり、年会費数千円で、サウナに入り放題の施設がありました。屋外に数種類のサウナ小屋があり、水風呂の代わりに海に飛び込みます（冬でも！）。

毎日のようにそこに通う友達いわく、そこはただ汗を流す場所ではないそう。

彼らにとっては社会生活の一部でもあり、かけがえのない場所なのだとか。

1日の終わりにゆっくりと温まりながら、深い呼吸を繰り返す。

じんわりとストレスが溶け、心地よい静寂を感じることができます。

第５章　小さな幸せに感謝し、祝福する――ヒュッゲの時間

「いつもと同じ」が一番安心

「革新的でフレキシブル」といったイメージを持たれがちな、北欧の国々。確かにそうなのですが、その一方で彼らは伝統やルールを守るのも大好き。一見退屈そうなルールやしきたりをせっせと忠実に守ります。

例えば、スウェーデンには夏至祭**「Midsommar（ミッドソンマル）」**というものがあります。これは年間で最も日の長い日を祝う、伝統的な祭りです。人々は集まり、食事をし、炎を囲んで歌を歌います。太陽の力と生命の営みを讃えるとともに、家族や友人との繋がりを深める機会にもなっています。

このような習慣や儀式は、生活に安定したリズムを与え、予測可能性を高めます。私たち日本人も、正月のおせち料理を家族で食べたり、桜が咲けば花見に出かけたりと、伝統やルールが自然と生活に根付いていますよね。

「ルール」と聞くと、なんだか窮屈で退屈に感じるかもしれません。

しかし、変わらない安心感や心地よさを味わえるという側面があると思うと、少し見方が変わる気がします。

夕陽の落ちる時間は特別なギフト

北欧の人々にとって、**日が沈む時間、つまり夕暮れ時は1日の中でも特別な時間だ**そう。空がオレンジ色から深紫色へと柔らかく変わり、太陽の光が水面に反射して広がる幻想的な光景。

「私たちは、この美しい時間を、1日の終わりを穏やかに迎えるための、自然がくれるギフトだと思っているんだ」

と友人夫婦が教えてくれました。

家族や友人とともに夕食を楽しんだり、美しい夕陽を見つめながら、1日を振り返る時間にしたりします。

日本において、特に都市部では夕陽はビルにさえぎられてしまい、気に留めにくくなっているかもしれません。

でも、たまには、近くの公園や、電車の車窓、家の窓辺から、ゆっくりと夕陽を眺めてみませんか?

自然とともに1日を締めくくる、心地よさを感じられるはずです。

小さな瞬間も大切にし、感謝の気持ちを忘れない

私が北欧で最初に感じたのは、時間の流れの違いでした。

日本では、毎日の生活が「予定」や「仕事」でパンパン。

「もっともっと詰め込んで、時間を無駄にせず努力して、ちゃんとした大人にならないと」

と、将来への不安や自信のなさから、恐怖心と焦燥感に支配されていました。

北欧のおおらかでゆったりとした時間の流れ、学校や職場のリラックスした雰囲気に、最初は戸惑い、じれったさすら感じていました。


ですが、北欧で暮らし、彼らの考え方に触れていくにつれ、そのゆったりとした時間の流れは、

「小さな瞬間も大切にし、日常に対する感謝の気持ちを忘れない」

そんな彼らの姿勢の表れであることに気がつきました。

例えば、ある日、デンマーク人の友人を招いて家でコーヒーを飲んでいたとき。彼女が窓の外を見て、遠くに見える風景やその日の天気、空の色などをじっくりと眺めていました。

そして、

「今日は本当に美しい1日だね」

と、やさしい笑顔で言いました。

ありふれた瞬間かもしれませんが、彼女はその一瞬を心から大切に感じ、共有してくれたのです。

散歩中に見つけた花の美しさ、おいしい料理を共有できる幸せ、家族や友人とのあたたかい会話。

何気ない瞬間にもじっと目を向け、心から楽しむ彼らの姿は、私にとって新鮮な驚きでした。

「幸せになりたい！」と嘆いてジタバタしていた過去の私。

「人に認められるような成果を出すために努力する」ことが、いつか幸せになるために、有効な時間の使い方だと長年勘違いしていました。

そんな私に「世界一幸せ」な北欧の人々は、
「幸せは、今、ここにあるんだよ」
と繰り返し教えてくれているようでした。

あなたも、**ふだんの生活の中に散りばめられた、「ありふれた小さな幸せ」に目を向ける時間を意識してみませんか?**

例えば、夜寝る前に、その日に感謝したことや喜びを感じた瞬間を3つ思い出してみてください。

その小さな一瞬一瞬が、あなたの幸せを作り上げる大切な瞬間であると感じるはずです。

「幸せを数えたら、あなたはすぐ幸せになれる」
——アルトゥル・ショーペンハウアー（哲学者）

kiks
MED MØRK
CHOKOLADE

おわりに——時間の使い方を変えるだけで、人生はこうして変わっていく

「はぁ、これからどうしよう」

毎日モヤ〜ンとした悩みを抱えていた数年前。

もともと内向的で人と話すのが苦手で、文化交流なども縁遠い、そんな私が突然、はるか遠く北欧へ移住するなんて。

なかなかに衝動的な決断でしたが、人生最良の決断でした。


北欧へ旅立った後も、震えるほどうまくいかないことや、泣き出したくなることも、数えきれないほどありました。

ですが、その度にたくさんの人に助けられ、やさしさに触れました。

彼らの時間の使い方を知り、そしてその考え方を教わるにつれ、不器用でダメダメだった私でも、人生を少しずつ好転させることができました。


前向きな考え方が身について落ち込むことが減ったり、好きなことでお仕事をいただけるようになったり、長〜い夏休みを、小学生ぶりに思い切り楽しめたり……。

そして何より、こうして一冊の本を通じて、あなたとお話しできたこと。
これはまさに、時間の使い方を少しずつ変えたことで得られた、大きな奇跡です。
(最後まで読んでくださって、本当にありがとうございます！)

生き方や考え方というものは一朝一夕で変えられるものではなく、日々、時間の使い方を意識することで、少しずつ変わっていくものであると私は考えます。

この本が、あなたにとって、その積み重ねをはじめる一助となれれば、それ以上に嬉しいことはありません。
毎日がよりあなたらしく、より自由なものとなることを心よりお祈りしています。

日暮 いんこ

Køkken & Bad

Jagtvej
228085
195
P

北《ほく》欧《おう》時《じ》間《かん》
世界一幸せな国の人たちが教えてくれたこと

2023年10月31日　初版発行
2024年10月11日　9刷発行

著　者……日暮《ひぐらし》いんこ
発行者……塚田太郎
発行所……株式会社大和出版
東京都文京区音羽1-26-11　〒112-0013
電話　営業部03-5978-8121／編集部03-5978-8131
https://daiwashuppan.com
印刷所／製本所……日経印刷株式会社
装幀者……菊池祐
カバー写真……小島沙緒理

ISBN978-4-8047-0622-1